本书由国家社科基金一般项目
"西部地区经济空间结构优化与协调发展研究"（12BJL072）
和中国少数民族经济国家民委重点学科资助

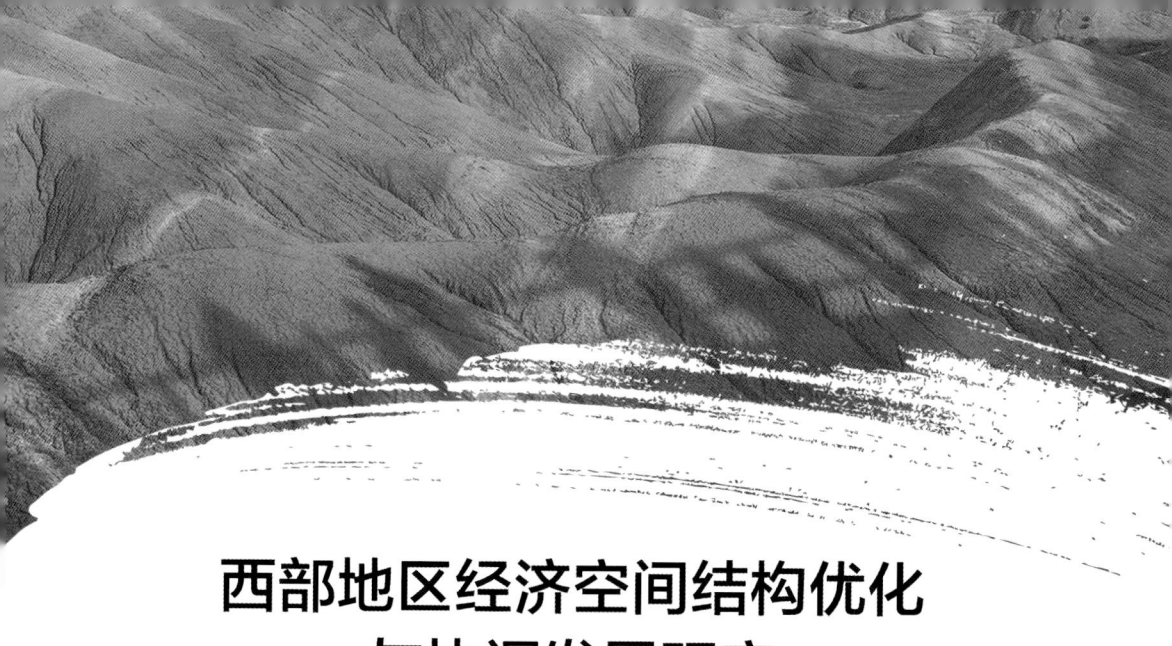

西部地区经济空间结构优化与协调发展研究

曹颖轶 ◎ 著

中国社会科学出版社

图书在版编目（CIP）数据

西部地区经济空间结构优化与协调发展研究／曹颖轶著．—北京：中国社会科学出版社，2021.8
ISBN 978 - 7 - 5203 - 8814 - 6

Ⅰ.①西… Ⅱ.①曹… Ⅲ.①区域经济—空间结构—优化结构—协调发展—研究—西南地区②区域经济—空间结构—优化结构—协调发展—研究—西北地区 Ⅳ.①F127

中国版本图书馆 CIP 数据核字（2021）第 148429 号

出 版 人	赵剑英
责任编辑	谢欣露
责任校对	周晓东
责任印制	王 超
出　　版	中国社会科学出版社
社　　址	北京鼓楼西大街甲 158 号
邮　　编	100720
网　　址	http：//www.csspw.cn
发 行 部	010 - 84083685
门 市 部	010 - 84029450
经　　销	新华书店及其他书店
印刷装订	三河弘翰印务有限公司
版　　次	2021 年 8 月第 1 版
印　　次	2021 年 8 月第 1 次印刷
开　　本	710×1000　1/16
印　　张	13.5
插　　页	2
字　　数	201 千字
定　　价	69.00 元

凡购买中国社会科学出版社图书，如有质量问题请与本社营销中心联系调换
电话：010 - 84083683
版权所有　侵权必究

前　言

本书是国家社科基金一般项目"西部地区经济空间结构优化与协调发展研究"（批准号：12BJL072）的最终结项成果。全书根据西部地区经济发展面临的复杂状况及地域特征，遵循从理论出发到实证检验，再到原因分析的逻辑思路，探讨了西部地区经济空间结构演变、协调发展水平、空间相关性、空间差异、空间联系五个方面的问题。最后，分析了西部地区空间结构优化和协调发展中市场与政府的作用，提出了相关的对策建议。

西部地区经济空间结构演变、协调发展水平的研究结果表明：空间经济结构存在少数极化、总体均衡的演变趋势；产业结构逐渐趋于高级化和合理化。西部大开发以来，西部地区产业结构演变与新型城镇化耦合协调度经历了从濒临失调到初级协调，从良好协调再到优质协调的过程，表明产业结构与新型城镇化之间不断实现良性互动、协调发展。

西部地区经济空间相关性研究结果表明：西北地区经济发展具有显著的空间相关性。从时间维度看，各区域之间的相互依赖性增强，聚集效应明显；但从空间维度看，各省份及城市之间的经济发展悬殊，空间相关性较弱。西南地区的空间集聚性波动较大，其中，西南80%以上地区局部自相关程度很低，各地区经济发展在空间上与其他地区联系很弱，处于孤立发展态势。

西部地区经济空间差异性研究结果表明：西南地区各地级市城市建设水平存在差异，城市化水平发展不平衡；西北地区城市化质量以东部、中部、西部的顺序依次降低，不同城市之间差距很大；东部城市化质量较高而西部低且都呈"群"状。

西部地区经济空间结构优化的关键：一是在空间上提升地区经济联系强度和城市流强度；二是培育和发展以省会城市为核心的增长极；三是将战略眼光投放于"一带一路"，抓住机遇以开放的心态迎接挑战。

西部地区经济协调发展：一是明确界定市场和政府的关系；二是克服时空因素对集约要素活动的约束，实现生产要素时空领域的最佳配置，从而实现区域空间结构的优化和区域经济的平衡发展。

总之，本书基于区域经济空间结构优化与协调发展的相关理论，采用实证分析方法进行研究，得出了较为可靠的结论。据此，提出有针对性的区域经济空间结构优化与协调发展的整体思路，为政府指导区域经济发展和区域经济合作提供理论指导。

由于笔者的学识有限，错误与不足在所难免，恳请学界同人提出批评，以鼓励我在科学研究的道路上继续探索。感谢西北民族大学经济学院硕士研究生马旭查阅资料、整理完成第八章的内容。书稿由曹颖轶审定、统稿。本书在写作过程中参阅了大量的文献，对直接引用的文献都尽可能一一注明出处，在此对所有参考文献的作者表示诚挚的谢意。

目 录

第一章 绪论 ··· 1

    第一节 研究背景、意义与方法 ································· 1

    第二节 国内外相关问题的研究进展 ···························· 6

第二章 区域经济空间结构研究的内涵与理论基础 ············ 13

    第一节 有关概念的内涵解析 ····································· 13

    第二节 研究的理论基础 ·· 15

第三章 西部地区经济协调发展的动态评价 ······················ 18

    第一节 西部地区经济空间结构演变特征 ····················· 18

    第二节 西部地区经济协调水平测度 ···························· 30

第四章 西部地区城市等级划分及结构特征 ······················ 45

    第一节 西部地区城市等级划分 ·································· 45

    第二节 西部地区城市体系的结构特征 ························ 63

第五章 西部地区经济空间相关性的实证研究 ··················· 73

    第一节 西北地区经济空间相关性分析 ························ 74

    第二节 西南地区经济空间相关性分析 ························ 82

第六章 西部地区经济空间差异的案例研究 ······················ 89

    第一节 城市化水平空间差异：以西南地区为例 ············ 90

第二节　城市化质量空间差异：以西北地区为例 …………… 99
第三节　产业园区空间生产力差异：以西北地区为例 ……… 109

第七章　西部地区城市经济联系的空间分析及优化 …………… 119

第一节　城市经济联系测度方法 ………………………………… 119
第二节　西北地区城市间经济联系测度及优化 ………………… 121
第三节　西南地区城市间经济联系测度及优化 ………………… 131

第八章　西部地区城市经济联系方向及地缘经济关系：
　　　　以宁夏为例 ……………………………………………… 145

第一节　宁夏城市间经济相关性分析 …………………………… 145
第二节　宁夏城市间经济联系方向及地缘经济关系
　　　　测度模型 ………………………………………………… 156
第三节　宁夏城市间经济联系方向与地缘经济关系 …………… 162

第九章　空间优化促进西部地区经济协调发展 ………………… 178

第一节　基于市场化机制的西部地区协调发展 ………………… 178
第二节　西部地区经济空间结构优化及协调发展 ……………… 180

参考文献 ……………………………………………………………… 198

第一章 绪论

本章介绍了西部经济空间结构优化与协调发展研究的背景、意义、方法和技术路线，系统梳理国内外相关问题的已有研究成果，提出本书的基本思路和大体框架。

第一节 研究背景、意义与方法

一 研究背景、意义

中国西部地区包括重庆、四川、贵州、云南、广西、陕西、甘肃、青海、宁夏、西藏、新疆、内蒙古十二个省份。自然资源丰富、市场潜力大、战略位置重要，但由于自然、历史、社会等原因，其经济发展水平差异较大。西部大开发以来，西部地区在人口资源配置、产业空间布局、交通网络建设等各方面都进一步优化，推动区域经济结构从简单到复杂、从无序到有序的不断演化，促进了区域协调发展。进入21世纪以来，西部地区经济发展受到从中央到地方的高度重视，虽取得了一些成绩但总体发展与全国平均水平尚有差距。本书在详细梳理经济空间结构研究成果的基础上，以西部地区为例从空间、时间两个维度，对西部地区的经济空间结构、城市体系空间结构、区域经济协调发展水平、经济空间相关性与差异性以及经济联系等方面进行了定性和定量的分析。旨在探索西部经济协调发展的科学依据，为西部地区经济建设工作提供方向和指导，进而有效促进西部地区经济建设，逐步改善西部地区经济发展现状，提出促进西部地区经济空间结构优化的途径及对策建议，积极推动国家区域经济发展战略的实施。

二 研究方法与技术路线

方法上针对不同的主题，以各地区实际情况为依据，选用恰当的实证分析方法，使得到的结论更加科学和可靠。分析逻辑为：经济空间结构特点（西部地区总体）—经济空间相关性（西北、西南两大板块分区研究）—经济空间差异（城市化水平、城市化质量和产业园区空间生产力三个专题的案例研究）—经济空间联系（西北、西南两大板块的城市经济联系的空间分析，城市经济联系的案例研究—以宁夏为例）—经济空间结构优化与协调发展。聚焦西部地区经济空间优化主题，从区际总体和区际内部经济空间的关联性、差异度、城市化水平和质量、城市经济联系等角度进行研究，并在此基础上提出西部地区经济空间结构优化和协调发展的宏观思路、关键路径。

研究方法为文献综述法、空间计量分析法、主成分分析法、因子分析法等。本书通过梳理大量的文献研究资料，深入考察经济较发达地区的发展经验，调研欠发达地区经济发展的现状和存在的问题，整理和搜集统计数据，运用定量分析的方法分析西部地区经济空间结构的演变、协调发展、相关性、差异性、联系性和特征，探索优化西部地区经济空间结构促进其协调发展的思路，试图给政府相关部门提供决策参考，为国家和地区的均衡、协调发展提供有效服务，同时也希望为国内学术界在这一领域的研究提供实证资料。

具体技术路线与方法如图1-1所示。

三 研究的基本思路、内容与框架

区域一般指的就是地域空间，这个地域空间会有一定的范围或界限，通常区域内部都会表现出明显的相似性，与区域外部相比则有明显的差异性，然而区域之间又是相互联系着的。与此同时，一个区域相较于其他区域往往具有一定的优势、特色和功能等，在经济活动中区域之间会存在紧密的联系。对于"区域"（region），不同学科有不同的理解。经济学上，美国的区域经济学家埃德加·胡佛给出的定义是：区域是基于描述、分析、管理、规划或制定政策等目的，而被视为一个整体考量对象的地区统一体。地理学上，一般是按照自然地理

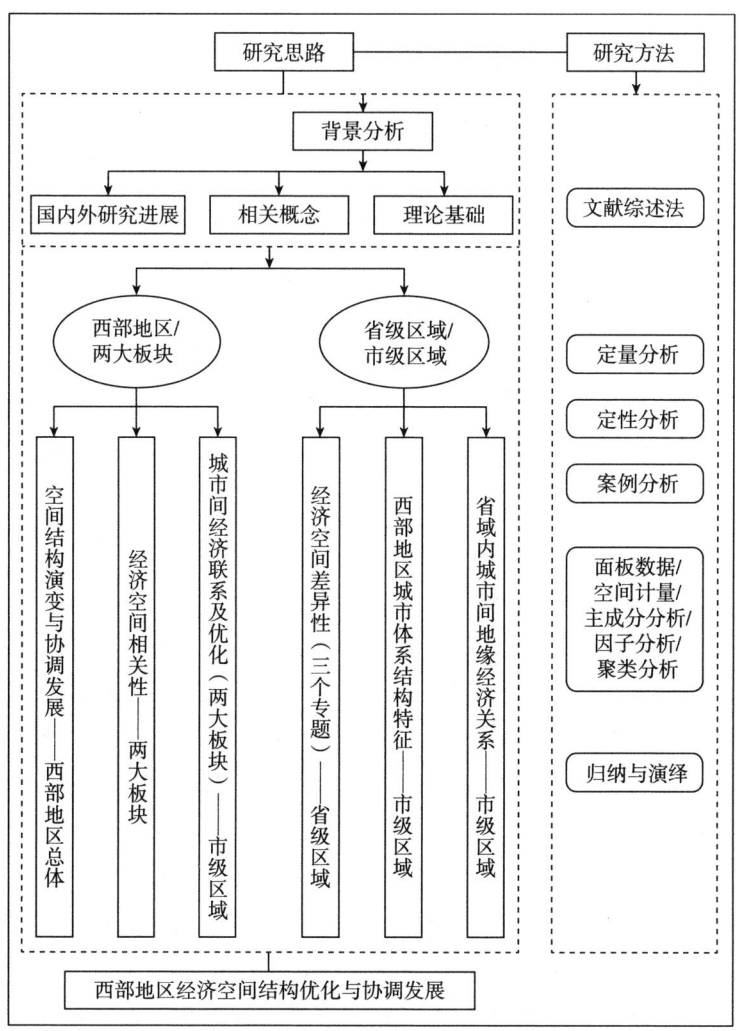

图 1-1 技术路线与方法

特征的不同把地球表面上的地域单元称为区域。政治学上，则以一个国家所管理的行政单元来定义区域。还有另一种观点认为，区域等同于地区，区域只是空间的特化。特化的意思是地域空间被赋予特定的资源、环境与经济社会等特征，这种特化使一个地域空间区别于另一个地域空间，形成不同的区域。基于已有研究对区域的定义，本书的研究单元分为四个层级：第一层级为西部地区总体，第二层级将西部分为西北地区和西南地区两个板块，第三层级关注西部地区各省（区）域级，第四层级以西部地区各省域内的各地州（市）为研究对象。

区域经济空间结构，是指在一定时期内，经济活动在特定区域或地理空间内所形成的空间分布形态及空间相互关系。在某一时点上，区域经济空间结构不仅是经济关系在地域空间上的反映，也是各经济要素在地域空间分布组合形式上的反映。区域经济空间结构实际上是区域经济结构在地理空间上的一种表现形式，可以理解为空间结构单元因空间上相关而形成一定的图模（pattern）。一般由点、线、域面和网络四种要素构成区域空间结构，由它们所构成的空间形态具有特定的经济内涵和相应的功能。点、线、域面和网络交织在一起形成不同的空间形态组合，从而构成不同的区域经济空间结构。我国最早由陆大道（1985）提出区域经济空间结构的定义，他认为区域经济空间结构是指社会经济个体在空间中的相互作用、相互关系和反映这种关系的空间集聚规模与集聚形态。曾菊新（1996）认为，"经济空间结构"指的是经济活动在一定地理范围内，以分布的区位、分布的形态和数量规模为特征的客观存在，这种客观存在反映出经济事物在地理空间上的相互关系及空间形态。崔功豪（1999）则认为，区域经济空间结构是指在一定地域范围内经济要素在整个空间中的相对区位和分布状况，反映出各种经济要素和经济活动的区位特点、空间相互关系及区位布局结构。聂华林等（2003）提出，区域经济空间结构是指在一定区域范围内，地域空间中的经济现象在集聚力和分散力两种力量的相互作用、相互影响下所形成的空间结构。樊新生（2005）认为，区域经济空间结构应有以下两个内涵：一是经济活动及经济客体在地域或空间上的集聚形态；二是经济客体之间在空间中的相互关系和相互影响。王世豪（2007）提出，区域经济空间结构是表征区域经济发展水平的一种重要载体，也是区域经济发展水平在空间上的表现形式，区域经济空间结构优化和升级能反映出区域经济发展水平的不断提高。张平（2014）认为，经济空间结构是区域经济客体在空间中相互作用，逐渐形成的空间集聚程度和集聚形态，是经济活动在地域空间上的表现和反映。

本书以区域经济空间结构的内涵为研究基础，分为五个部分，各部分主要内容如下：第一部分论述基本问题，包括第一章和第二章。第二部分研究西部地区经济协调发展水平及空间经济结构演变等，包括第三章和第四章。第三部分研究西部地区经济空间相关性及差异性，包括第五章和第六章。第四部分研究西部地区城市经济联系，包括第七章和第八章。第五部分研究西部地区空间结构优化与协调发展的路径及政策建议，包括第九章。

本书的基本框架见图1-2。概念与问题是第一部分的重点，其中

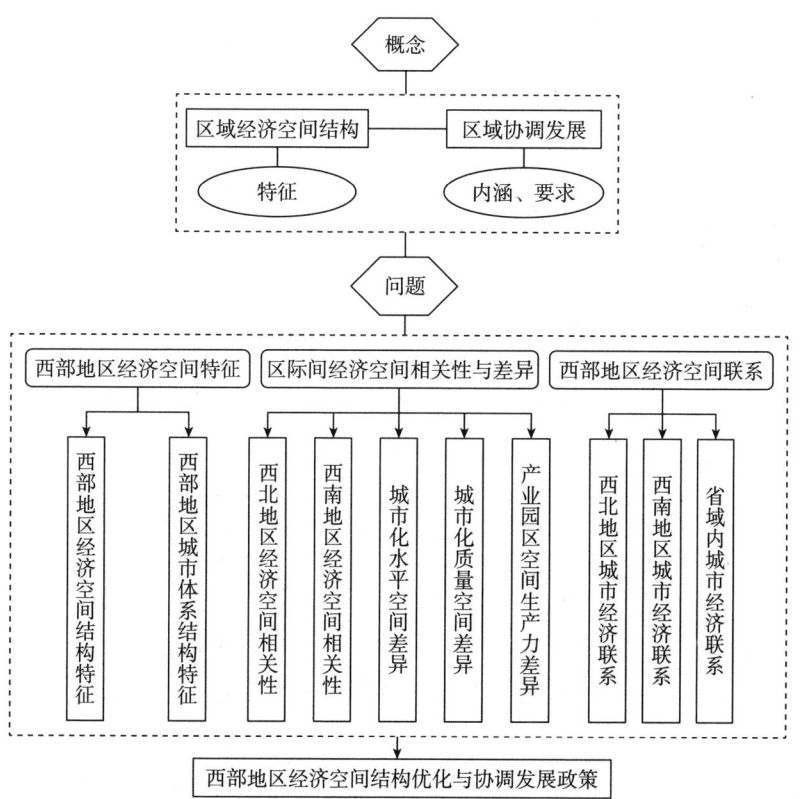

图1-2 本书的研究框架

在第三、四章中会进一步对问题展开分析。第五章分西北和西南两个板块，分别探讨区际经济空间相关性。第六章重点关注西部地区经济空间差异问题，分三个专题：城市化水平空间差异（专题一）、城市化质量空间差异（专题二）及产业园区空间生产力差异（专题三）。第七章为实证研究，探讨西部地区区域经济联系与优化问题。第八章为案例研究，以宁夏为例，分析省域内城市间经济联系。第九章在前文分析的基础上，总结西部地区经济空间结构优化与协调发展的路径与政策导向。

第二节 国内外相关问题的研究进展

迄今为止，关于区域经济空间结构和协调发展已经有不少研究成果，分布于各分支学科，如地理经济学、区域经济学、区域规划、城市经济学、农业经济学等。从国内外相关研究进展来看，经历了"区位论→经济空间结构理论→区域经济空间结构优化→区域经济协调发展"这一过程。

一 国外相关研究进展

经济空间结构研究最早可以追溯到古典区位理论。经济空间结构的概念、理论形成和发展是在20世纪50年代以来，可分为古典和现代两个阶段。古典的区位论包括以杜能为代表的农业区位论、以韦伯为代表的工业区位论、以克里斯泰勒为代表的中心地理论和以勒施为代表的市场网络理论。这些古典区位论主要研究企业或产业的区位布局、商品生产和销售的空间组织结构布局等问题。

杜能创立了农业区位论，引入了空间因素到区位选择上，发现农业经济活动会在地域空间上发生空间分异现象。根据不同的农产品生产方式、市场价格以及其距离中心城市的远近，农业的生产布局会呈现同心圆分布，也称为"杜能圈"。韦伯通过分析与计算，发现在劳动力和集聚程度一定的情况下，运输成本最低的点可以实现工业产品生产成本最低，是工业企业布局的理想位置，由此创立了工业区位论。之后，克里斯泰勒创立了中心地理论，在市场、交通和行政等因素的共同作用下，一个区域会形成一个规模递减的多级六边形空间组织形式，也称中心地模型。勒施从另一角度即利润最大化原则，研究城市空间经济活动及其结构，在前人的基础上提出了中心地模型——经济景观。与中心地模型类似，该模型也是从市场竞争角度出发，把区域经济空间结构抽象为具有一定规则的模型，中心地与腹地之间的相互空间关系对研究城市空间结构具有十分重要的意义。

在古典区位论的基础上，逐步发展产生了区域经济空间结构理论，使整个理论体系更具有宏观性和动态性。佩鲁（1955）提出的"增长极"理论对区域经济空间结构理论具有基础性作用。经济发展的不均衡现象是普遍的。均衡增长表现为在时间和空间上各部门、各行业或各地区以同等速度增长，相反是不同速度的非均衡增长。一些地区，由于具备主导部门或创新行业集聚，会率先发展形成"发展极"，通过其吸引和扩散能力对该地区或行业产生支配作用，这将带动其他从属地区和行业相应的发展。弗里德曼（1979）提出核心—外围理论，该理论提出一种普适性的区际非均衡理论模式，在他看来，任何区域经济空间系统都是由核心区与边缘区构成的，该理论试图说明一个区域内部核心区与边缘区的相互关联和相互作用，逐步将非均衡发展变为均衡发展的区域空间动态系统。克鲁格曼（1991）认为，区域空间分异现象的出现，主要是因为企业受规模报酬递增、运输成本和生产要素移动等因素影响，并通过市场传导机制作用而逐渐产生的。在这样的循环累积作用下，区域经济空间必然产生分异。斯科特（1998）创立了工业城市区位理论，该理论认为由于企业规模扩张，不断分散及由此产生的空间联系形成网络，城市体系出现空间结构。此外，关于区域经济空间分异理论还有威廉姆森的倒"U"形理论、赫希曼的"不平衡发展理论"、松巴特的"生长轴"理论等。综上所述，这些理论的出现，不断丰富和发展了现代区域经济空间结构理论。

二 国内相关研究进展

我国的区域经济空间研究起步较晚。改革开放前，我国沿袭苏联的区域均衡发展战略。改革开放后，我国才开始转变经济发展战略，推行非均衡发展战略。面对非均衡发展过程中出现的众多经济现象，国内学者展开了对区域经济空间结构的研究。

（一）区域经济空间结构理论研究

陆大道（1986）认为，区域经济空间结构是指各区域和各经济主体通过相互作用和相互影响，反映在地域空间上的集聚程度和集聚形态。由此提出了我国经济空间"点—轴"发展理论，即以沿海地带和长江流域沿线地带作为我国第一级发展轴线的国家经济空间发展战略。曾菊新（1996）从经济、区位和生产要素三个方面，以空间流的角度界定了区域经济空间结构的要素构成，并指出区域经济空间结构应具备地域性、动态性、层次性等特征。郝寿义（1999）同样认为，区域经济空间结构包括三要素，即城市核心区经济、城乡边缘区经济和城乡外围区的乡村经济，强调三者之间具有整体性和联系性，共同形成了一种新的区域经济空间结构。崔功豪（1999）认为，区域经济空间结构是经济要素或经济单元在地域上的集聚与扩散而逐渐形成各种分布形态，表明经济活动的地域特性和空间联系。聂华林、赵超（2003）定义区域经济空间结构为一定的区域范围内，各种经济现象在集聚与分散的相互作用下，形成的地域空间结构。王世豪、金丹华（2007）认为，区域经济空间结构主要研究以下五个方面的内容：①区域发展条件与区域宏观布局之间的关系；②区域内产业布局与各产业间空间组合的关系；③各级区域经济中心与其周边地域间的关系；④区域结构网络内各要素间的关系；⑤空间结构类型的分类。涂人猛（2014）通过对已有的理论和文献进行综述，归纳出区域经济空间结构是研究五大要素在地域上的分布组合及演变特征的理论，是一种综合性的区域理论，对区域经济开发有着十分重要的意义。

（二）区域经济空间结构优化研究

曾菊新（1996）从经济空间结构的构成角度，建立经济空间结构的决定模型和调整模型，并从区域经济空间的内部结构和外部环境两个方面建立空间经济结构优化模型。陈修颖（2005）以区域空间结构重组为例，构建了区域空间结构优化重组的评价指标体系，基准层主要有三个方面,分别是要素优化效果、格局优化效果和重组协调效果。李快满(2008)对兰州新区的现状特征和面临的主要问题进行分析,提出兰州新区城市群要在已有的兰州老城区的区域城市体系基础上,建立两个核心、两个圈层、一条重点发展带、五条发展轴、五个发展副中心的总体布局。鲁继通(2012)认为,城市群的等级规模和空间结构联系十分密切,通过对北部湾城市群的首位度进行测算,从而划分了北部湾城市的等级,并得出了北部湾城市群空间结构的优化策略。

(三)区域经济协调发展研究

在计划经济体制下,区域经济协调只是简单机械化的空间布局模式,政治因素决定了国有资产的空间布局,区域经济基本上都是由点到面全方位布局的。改革开放以来,我国逐步弱化了这种计划经济空间布局模式,重视从效率角度来考虑区域经济空间问题。魏后凯(1995)认为,区域经济发展的非均衡是发展中国家的必经阶段,但是国民经济作为一个整体需要实现均衡、协调发展,提出类似于"边增长、边协调"的非均衡协调发展战略。曾坤生(2000)也提出在发展中求协调的思路,同时兼顾效率与公平从而实现整体经济的发展和全面协调,即动态协调发展战略。动态协调发展战略强调整体的高效增长和可控的发展差距,进而实现区域的共同发展。覃成林(2011)提出,由空间组织机制、市场机制、治理机制、互助机制和合作机制五个机制所组成的"金字塔"形结构的区域协调发展机制体系,五个机制从属于一个有机整体。

(四)特定区域空间结构优化与协调发展研究

季春霞(2006)从空间结构的角度出发,分析了江苏省的经济空间结构与区域经济协调发展之间的关系,利用因子分析方法计算江苏省区域间经济发展差距,通过得分绘出江苏省的空间结构图,提出江苏省经济空间结构呈"一圈五轴"的形态,是一种网络式空间格局。江苏省应在继续保持苏南地区快速发展的同时,加快苏中尤其是苏北地区的经济发展速度,从而形成全省协调发展的局面,实现江苏经济快速、协调发展的总目标。王伟(2009)研究了福建省经济空间结构的历史演变，从经济总量集聚程度、经济重心位置变化、经济发展水平和经济空间格局演变四个方面入手，分析空间结构演变的内在机制。刘东东（2011）把广东省21个地级市和四大经济区作为研究对象，从经济集聚、经济发展水平和经济发展潜力三个方面分析广东经济空间结构演变及其变化特征，提出广东的经济空间格局呈"核心—外围"结构。代谬潇（2013）主要运用因子分析与聚类分析的方法，分析了重庆市区域空间结构演变及差异特征，并用空间引力模型、功效函数模型对重庆市的区域空间相互作用和空间结构的优化方向进行探索性研究。程钰（2013）利用区域经济空间分异测度、"中心—外围"均衡性测度、区域经济联系强度指数等方法研究山东省经济空间结构特征，得到改革开放以来，山东省经济空间结构呈"均衡→非均衡→均衡"总体趋势，中心城市的增长极作用十分明显，区域经济空间布局和空间结构逐步合理化和高度化。乔志霞（2014）以甘肃省为欠发达省份样本，利用因子分析法剖析了甘肃省1995年、2002年、2010年12个地市和2个自治州经济发展水平的空间结构演变特征与空间格局分布。

（五）城市空间联系研究

城市空间经济联系，一般用城市流和经济联系强度测度。经济联系强度主要衡量城市间经济联系密切程度；城市流表现为城市间双向的经济联系，属于城市间相互作用、相互联系的一种基本形式，可用城市流强度来表示。城市流强度指的是在城市间的经济联系中，城市对外部所产生的集聚和辐射作用强度。城市流以及城市流强度可以反映城市间的联系程度，说明区域经济空间的发展状况。城市空间联系优化，主要是指运用经济联系强度和城市流强度来测量各城市的空间经济联系情况，从中发现存在的问题，并以此提出相应的解决路径。20世纪中期，增长极理论、核心—外围理论以及"空间相互作用"理论等，为区域经济联系研究提供了理论依据；之后，克里斯泰勒提出中心地理论后，区域内部的等级联系受到更多的关注。此外，从产业经济角度研究产业联系和产业间相互作用也成为研究热点。

刘建朝和高素英（2013）基于城市联系强度与城市流角度，通过测算京津冀城市群的经济联系强度、外向功能量和城市流强度，分析了京津冀城市群的空间联系特征，认为京津冀城市群各城市之间存在空间联系，但是相对比较松散。秦娅宏（2015）基于城市流强度，对山东半岛的8个地级市之间的经济联系进行了测算，根据计算结果将以上城市分为三个级别。高新才和杨芳（2015）基于城市流强度的视角，分析了中国丝绸之路经济带沿线30个城市的对外联系功能及时空变化特征，结果发现经济带的城市流强度等指标总体偏低且呈现东高西低格局。韩增林等（2011）通过测算2002年和2007年的东北地区城市流强度值，对城市流的动态变化进行空间分析，主要阐述了内陆腹地与沿海经济带互动发展的情况，提出了促进两者和谐发展的意见。程贵等（2015）基于城市流强度模型，对甘肃省12个地级市的城市流强度进行了测算，并根据测算结果提出了优化甘肃省城市空间联系的策略。为了解决区域经济发展不平衡问题，西方经济学家提出了较多理论。佩鲁的发展极理论认为，一些主导部门和具有创新能力的行业集中于一地区，以高速发展而不断完善自身，然后以其集聚和扩散能力带动其余地区发展。缪尔达尔提出回波效应理论与扩散效应理论，该理论用"回波效应"说明"发展极"对其他周边城市的负面影响，指出"回波效应"毕竟有限，当"发展极"达到一定程度后，就会产生"扩散效应"。

（六）不同学科对区域经济空间结构优化与协调发展研究

在交通研究领域：来逢波（2013）研究综合运输体系对区域经济空间格局的影响与优化，结合空间经济学、区域经济学、经济地理学和交通经济学等学科的理论方法，从历史发展的角度总结和归纳出综合运输体系对区域经济空间格局演变的影响作用和优化路径，着重分析其中的内在机理和优化方式。陈彦（2013）研究了高速铁路对客运市场、区域经济空间结构的影响，试图分析高速铁路的发展变化对经济变量、经济结构空间分布形态的作用和影响。

在旅游研究领域：方世敏（2012）基于空间结构理论对湖南区域旅游经济进行研究；沈惊宏（2012）以点—轴理论为基础，以中心职能指数和引力模型的定量方法界定皖江示范区旅游城市节点、旅游开发轴线及旅游地系统。

在城镇化研究领域：张勇（2014）利用空间引力模型、功效函数与协调函数及空间滞后模型等方法，对四川省城镇化空间结构格局进行测评，分析其城镇化空间结构影响因素。

综上所述，学者将区域经济空间结构理论和中国实际相结合，从多个角度深入研究区域经济空间分异现象，为经济发展的空间布局提供了理论参考，取得了丰富的成果。但是还存在一些问题，在理论研究上，目前我国学者借鉴西方区域经济空间结构理论的较多，创立与我国经济社会发展相适应的区域经济空间结构理论的相对较少。在研究对象上，研究地区多集中在中东部发达地区，对欠发达的西部地区研究较少。在研究方法上，国内学者一般都采用描述性分析来定性研究某一区域，缺少具体而细致的评价指标体系和测度方法，以及科学、客观的定量实证分析与检验。

第二章　区域经济空间结构研究的内涵与理论基础

本章对研究主题的内涵进行解读，从区域经济、空间结构、区域空间结构、区域经济空间结构、区域经济空间结构优化等关键名词进行逐级阐述。对研究主题的相关理论进行梳理，涉及圈层理论、中心地理论、增长极理论、多核心理论、核心—外围理论、点—轴理论等区域经济空间结构理论。

第一节　有关概念的内涵解析

一　区域经济

区域经济泛指在一个区域内部的各种人类经济活动。区域经济是一个具有区域特色的国民经济系统，也是国家经济空间系统的重要组成部分，具有特定结构及特定功能。区域经济具有整体性、系统性和相对独立性，区域经济之间既有相关性，又存在空间上的差异性。区域经济内部具有一定的结构性，称为区域经济结构。区域经济结构是指一个区域内，各经济单元间在经济、空间、技术、规模、制度安排及组织联系等方面的构成比例，由此形成了诸多区域经济结构类型，大致包括产业结构、所有制结构、企业结构、技术结构、生产要素结构、投资结构、城乡结构等。

二　空间结构

空间结构是指区域的社会经济各组成部分之间相互作用形成的各种组合类型及在空间上的相互关系，以及反映这种相互关系的空间集聚规模与程度。空间集聚规模和程度的不同又表明区域经济发展过程中存在的分异现象，而经济空间结构正是区域经济差异在地域空间上的一种反映，经济空间结构是一定地域范围内经济要素的空间关系与分布状态，是长期经济社会发展过程中人类经济活动和空间集聚的累积结果，体现了区域的经济发展水平、产业结构水平、区位竞争力水平等。

三 区域空间结构

从区域经济学角度看，区域空间结构是指区域经济中的核心与外围、城市与农村、均衡与非均衡诸关系的总和。

四 区域经济空间结构

区域经济空间结构研究的主要内容是产业分布或布局的空间结构。所以，区域经济空间结构也可以称为产业空间结构。区域经济空间结构研究，主要先分析区域内各经济单元在空间上形成的分布状态，其中要重点研究点、轴、面等组成的区域空间形态，分析点、轴、面和网格在空间中的相互作用、相互影响，并分成不同的空间地域组织形式和组织系统再作具体研究。

区域经济空间结构研究内容包括以下几方面：一是区域自然和社会经济条件与区域整体空间布局的关系；二是区域的产业选择和布局以及各产业之间在空间上的组合；三是各级经济中心与其外围地域的相互影响、相互关系；四是区域经济结构的网络关系；五是空间结构类型。

五 区域经济空间结构优化

区域经济空间结构的优化，是指某一区域根据自身社会经济条件和发展实际，比较现有结构特征以及分析各组成要素间的相互关系，通过对经济资源的合理高效配置，使经济空间系统达到最优效果。这既能促进经济空间结构合理有序的发展，提升经济空间整体运行效率，又能使经济空间结构与经济发展阶段相适应，促进区域经济持续健康快速发展。要实现区域经济持续健康快速发展离不开区域经济的协调发展，在区域开放的条件下，区域之间经济联系和依赖程度均会不断加深，只有区域内各经济空间单元持续发展且各经济空间单元的经济差异趋于缩小，才能保证整个区域经济的快速发展。

第二节 研究的理论基础

区域经济发展不平衡是一个历史问题，也是一个现实问题。促进区域协调发展，需要理解区域经济协调发展的科学内涵，梳理国内外学者研究的理论视角，对研究主题的相关理论进行追本溯源。因研究内容和视角不同，学者对区域经济协调发展的理解各有侧重。归纳起来有以下代表观点：①圈层理论；②中心地理论；③增长极理论；④多核心理论；⑤核心—外围理论；⑥点—轴理论。区域协调发展是一个过程，也是一种模式，更是一种发展战略，必须从现实条件出发，从构建社会主义和谐社会的战略高度，促进西部地区经济协调发展。

一 圈层理论

由德国的经济学家杜能 1862 年提出。该理论的核心观点是：城市是区域经济发展的中心，可以根据距离划分出不同的圈，所以一个区域会呈现出圈层结构。杜能还认为，农业经营的目的是追求利润最大化，而利润则由农产品市场价格与生产成本及运输费用的差额构成，若市场价格与生产成本不变，运输费用会直接影响利润的高低，这使农业土地利用形态和布局形式，即以封闭市场为中心，呈同心圆状分布，一般称为"杜能圈"，每个圈层内都有特定的农产品生产种类和不同的经营形态。虽然圈层理论属于农业区位论，但它首次把空间这一因素引入区位布局的分析中，使圈层理论成为经济活动空间分布的基础性理论。

二 中心地理论

由德国经济学家克里斯泰勒在 1933 年提出。中心地理论直接受杜能和韦伯等的区位布局理论的影响，其核心观点是中心地周围的腹地具有接受中心地服务的同等机会，而中心地为周围腹地提供金融、零售、批发等各项服务。中心地根据其提供商品的能力大小可分为不同等级的中心地：高级中心地数量少，服务的空间范围大，提供的商品和服务种类较多；低级中心地则数量较多，服务的空间范围较高级中心地小，提供商品和服务的等级较低。中心地的形成受到市场、交通和行政三个因素支配。中心地理论建立了系统的城市区位理论，把区位理论的研究对象从农业、工业扩大到城市，也成为城市空间结构研究的理论基础。

三　增长极理论

佩鲁于1950年首先提出增长极理论。他认为，在经济增长的过程中，由于某些主导部门、企业或行业集聚在一些地区或大城市，形成了一些资本与技术高度集中，增长迅速且规模经济效益明显，并能对周边地区起到辐射作用的地区或城市，即增长极。他指出，利用增长极的极化和扩散作用能带动周边地区的经济发展，确立主导产业和发展具有创新能力的企业，把其所在的区域作为区域经济发展的增长极，利用这些区域经济增长速度快、乘数作用大的特点，带动附近区域经济增长。

四　多核心理论

多核心理论是美国地理学家哈里斯和乌尔曼于1945年提出的城市内部空间结构模式，表明城市的空间组织一般是由若干核心组成的。通过对大部分美国城市进行研究，提出了影响城市核心空间分布的四个因素：①需要设置在位于城市中为数不多的地区；②需要与其他活动布局的位置互相接近；③需要同其他活动保持距离或避免同时存在；④因某些原因不能在理想位置布局而在相对适合的区域布局。在这四个因素的共同作用下，再加上历史遗留的文化或习惯的影响，从而形成了不同地域空间的分化，分化出不同等级的核心。城市一般是由多个核心构成的，各核心下还包含了若干小核心。

五　核心—外围理论

由美国经济学家弗里德曼于1966年提出。该理论指出，任意一个区域经济空间系统都能划分为两部分，即核心区和边缘区。核心区是区域内经济水平高、工业发达、技术水平高、资本集中、人口密集的城市集聚区；边缘区则是相对于核心区以外的周边或外围区域。随着区域经济社会的不断发展，两者相互作用，共同发展，直到区域经济格局的一体化形成。

六 点—轴理论

由我国学者陆大道院士于1984年提出。他受到点开发理论和轴线开发理论的启发，并结合古典区位论、中心地理论和增长极理论等相关理论，提出了区域经济空间布局的点—轴理论。理论中的"点"指的是各级城市、城镇或居住区。"轴"有两层含义，"自然轴线"包括沿湖、沿海和河道等自然形成的轴线，"人工轴线"包括铁路公路、航线、管道和通信线路等。在区域经济发展过程中，具有区位优势的"点"能够集聚各类经济要素，这些点将逐渐成为区域经济发展的增长极。这些增长极会通过"轴"发挥自身的辐射作用，形成由不同等级的增长极和发展轴线构成的点—轴系统。国内外的大量实践证明，点—轴开发是处理经济空间布局集中与分散关系的重要原则，也是十分有效的经济空间组织形式。

第三章　西部地区经济协调发展的动态评价

本章首先采用综合指标法，运用因子分析法和聚类分析法，分析西部地区经济空间结构演变特征、格局及影响因素；其次，分时序和空间两个维度，动态测度西部地区经济协调发展水平；最后，归纳和剖析西部地区经济协调发展的影响因素。

第一节　西部地区经济空间结构演变特征

从现有文献看，有关中国中东部、经济圈、省域的经济空间结构研究已取得丰硕成果，然而，专门针对西部地区经济空间格局演变、空间结构特征与差异的文献较少。鉴于此，通过构建综合指标，运用因子分析法和聚类分析法分析西部地区经济空间结构演变特征、格局及影响因素，为推动西部地区缩小发展差异、实现区域内外协调发展提供参考。

一　数据来源与研究单元

以1994年、2003年、2013年3个年份为时间截面，数据来自1995年、2004年、2014年《中国城市统计年鉴》。研究以西部12个省份的地级市为样本。由于行政区划的变化和数据缺失，各年份数据有效的地级市个数不同：1994年为66个；2003年为82个；2013年为88个。

二　指标选取

从现有的研究看，区域经济空间结构研究正由单一指标向综合指标过渡。按照典型性、可操作性、适用性、科学性等原则，选取反映经济实力与活力的人均GDP、人均第一产业产值、人均储蓄额、人均社会商品零售总额、人均财政收入、第二产业占GDP比重、第三产业占GDP比重7个指标反映西部12个省份各地级市的经济综合发展水平，在此基础上，以地级市为单元分析西部地区经济空间结构的演变及特征。

三 西部地区经济空间结构演变

（一）西部地区经济综合发展水平公因子的提取

标准化处理1994年、2003年、2013年的原始数据，用SPSS 19.0软件，计算KMO值和Bartlett值（见表3-1），KMO值均大于0.6，说明变量服从正态分布，相关性较强，适宜进行因子分析。

表3-1　　　　　　　　　　KMO和Bartlett检验

	1993年	2003年	2013年
取样足够度的KMO度量	0.613	0.605	0.639
Bartlett球形度检验的近似卡方值	290.154	472.574	534.678
自由度	21	21	21
P值	0.000	0.000	0.000

运用方差极大法旋转，按照特征根大于1的原则，提取了1993年、2003年、2013年的经济综合发展水平的公因子（见表3-2）。可以看出，1993年提取了3个公因子，公因子1在人均GDP、人均社会商品零售总额、人均财政收入、人均储蓄额4个指标上载荷较大，而这些指标是反映城市经济活力的指标，因此，将公因子1命名为"经济活力因子"；公因子2在第二产业占GDP比重、第三产业占GDP比重这两个变量上有较大的载荷，可以将公因子2命名为"经济结构因子"；公因子3在人均第一产业产值上载荷较大，将公因子3命名为"第一产业因子"。2003年提取了3个公因子，3个公因子在变量上的载荷大小程度同1993年结果相近，因此公因子命名与1993年公因子命名相同；而2013年提取了两个公因子，为经济活力因子和经济结构因子。

表 3-2　　　　　　　　　　　　主成分分析结果

变量	1993年 公因子1 经济活力	1993年 公因子2 经济结构	1993年 公因子3 第一产业	2003年 公因子1 经济活力	2003年 公因子2 经济结构	2003年 公因子3 第一产业	2013年 公因子1 经济活力	2013年 公因子2 经济结构
人均GDP	0.627	0.485	0.019	0.958	-0.130	0.013	0.909	0.261
人均第一产业产值	-0.092	0.011	-0.981	-0.076	-0.028	0.988	0.505	0.625
第二产业占GDP比重	0.391	0.725	0.503	0.639	-0.557	-0.378	0.209	0.911
第三产业占GDP比重	0.215	-0.932	0.127	-0.082	0.929	-0.042	0.385	-0.879
人均社会商品零售总额	0.868	-0.251	0.280	0.521	0.494	-0.043	0.879	-0.223
人均储蓄额	0.833	0.166	0.046	0.945	0.132	-0.120	0.944	-0.011
人均财政收入	0.940	-0.073	0.094	0.934	-0.090	-0.101	0.730	0.167
特征根	3.245	1.681	1.053	3.531	1.423	1.020	3.542	2.067
贡献率（%）	41.892	24.636	18.889	48.214	20.874	16.389	49.555	30.570
累积贡献率（%）	41.892	66.525	85.417	48.214	69.089	85.476	49.555	80.125

上述公因子是影响区域经济发展水平的主导因素，在用回归法计算出各公因子得分的基础上，得出西部地区各地级市经济发展水平综合值，公式如下：

$$F_i = \sum_{j=1}^{n} F_{ij} W_j \quad (3-1)$$

式中，F_i 为 i 市经济发展水平综合指数，F_{ij} 为 i 市第 j 个公因子的得分，W_j 为第 j 个公因子的权重（方差贡献率）。该指数越高，说明该市经济发展水平越高；反之越低。

（二）西部地区各地级市综合发展水平测度

利用 SPSS19.0 软件分别得出西部地区地级市 1993 年、2003 年及 2013 年各因子得分及经济发展水平的综合值（见表 3-3、表 3-4 及表 3-5）。

表 3-3　　　　1993 年西部地区各地级市公因子得分及经济发展水平综合值

城市	经济活力	经济结构	第一产业	综合得分	城市	经济活力	经济结构	第一产业	综合得分
克拉玛依市	1.775	2.300	0.405	2.62	曲靖市	-0.623	0.540	-0.129	-0.01
攀枝花市	1.444	1.869	0.560	2.33	汉中市	-0.252	-0.045	0.045	-0.10
玉溪市	1.487	3.521	-0.854	2.24	资阳市	-1.115	1.153	-0.610	-0.22
嘉峪关市	0.988	1.586	0.594	1.98	吴忠市	-0.566	0.081	-0.048	-0.22
石嘴山市	-0.370	0.772	1.657	1.77	赤峰市	-0.241	0.193	-0.318	-0.24
包头市	1.277	0.821	0.724	1.70	绵阳市	-0.031	0.122	-0.471	-0.33
柳州市	1.095	0.174	1.122	1.53	内江市	-1.010	-0.131	0.125	-0.40
宝鸡市	0.433	0.224	1.147	1.31	玉林市	-0.496	0.445	-0.616	-0.44
兰州市	1.259	0.272	0.683	1.29	成都市	1.330	-1.746	0.192	-0.44
乌海市	-0.005	0.497	1.075	1.25	南充市	-1.027	-0.379	0.283	-0.44
白银市	-0.271	1.015	0.807	1.25	延安市	-0.812	-0.314	0.117	-0.45
重庆市	0.961	-0.089	0.999	1.20	南宁市	1.425	-1.660	0.016	-0.50
金昌市	0.552	1.932	-0.451	1.13	广元市	-0.837	-0.408	0.080	-0.55
六盘水市	-1.311	0.865	1.080	0.95	安康市	-1.126	-0.587	0.316	-0.59
宜宾市	-0.689	1.097	0.377	0.76	德阳市	-0.271	1.060	-1.435	-0.63
遵义市	-0.115	-0.071	0.962	0.73	榆林市	-1.003	-0.547	0.083	-0.71
铜川市	-0.742	-0.140	1.294	0.70	安顺市	-0.981	-0.234	-0.178	-0.72
昭通市	-1.155	1.405	0.281	0.69	渭南市	-0.864	-0.043	-0.404	-0.74
咸阳市	-0.107	0.871	0.141	0.66	河池市	-0.309	-0.790	-0.205	-0.83
泸州市	0.184	-0.257	0.865	0.64	贵港市	-0.856	-0.029	-0.603	-0.89
昆明市	1.504	-0.699	0.560	0.64	普洱市	-0.339	-1.183	-0.116	-1.03
贵阳市	-0.025	-0.117	0.669	0.48	巴中市	-1.295	0.051	-0.757	-1.15
桂林市	1.178	-0.775	0.571	0.47	通辽市	-0.475	-0.576	-0.854	-1.31
西宁市	0.628	-1.320	1.253	0.45	遂宁市	-1.005	-0.308	-0.849	-1.35
雅安市	-0.730	0.645	0.360	0.43	百色市	-0.256	-0.409	-1.151	-1.36
西安市	1.034	-1.249	0.872	0.35	保山市	-0.935	-0.266	-0.938	-1.37
呼和浩特市	1.106	-0.581	0.239	0.28	酒泉市	-0.168	-0.210	-1.399	-1.40
自贡市	-0.539	-0.043	0.556	0.22	张掖市	-0.574	-0.514	-1.186	-1.60
银川市	0.437	-0.483	0.404	0.21	武威市	-0.863	-1.001	-0.731	-1.65

续表

城市	经济活力	经济结构	第一产业	综合得分	城市	经济活力	经济结构	第一产业	综合得分
乌鲁木齐市	1.693	-2.055	0.986	0.18	北海市	3.724	-0.280	-3.655	-1.75
梧州市	1.022	-1.611	0.905	0.13	平凉市	-0.656	-1.859	-0.348	-1.81
天水市	-0.714	0.140	0.304	0.05	防城港市	0.310	-0.608	-2.637	-2.53
乐山市	-0.800	-0.091	0.487	0.02	钦州市	-0.286	0.057	-3.253	-2.86

表3-4　　2003年西部地区各地级市公因子得分及经济发展水平综合值

城市	经济活力	经济结构	第一产业	综合得分	城市	经济活力	经济结构	第一产业	综合得分
银川市	2.472	3.792	-0.223	3.62	达州市	-0.584	-0.264	0.225	-0.27
巴彦淖尔市	0.194	0.013	3.041	2.70	咸阳市	-0.255	-0.097	-0.100	-0.28
北海市	0.319	0.547	2.402	2.58	河池市	-0.650	0.156	-0.121	-0.31
乌鲁木齐市	2.449	3.303	-1.185	2.45	资阳市	-0.623	-0.298	0.213	-0.32
酒泉市	0.858	-0.187	2.458	2.39	贵港市	-0.809	0.089	-0.088	-0.40
呼和浩特市	1.315	1.1705	0.916	2.23	玉林市	-0.516	-0.450	0.182	-0.40
防城港市	0.203	0.254	2.154	2.11	眉山市	-0.406	-0.530	0.178	-0.41
成都市	1.395	1.207	0.446	1.89	商洛市	-0.806	0.676	-0.576	-0.41
呼伦贝尔市	0.050	1.305	1.119	1.88	百色市	-0.540	-0.518	0.189	-0.46
鄂尔多斯市	1.312	-1.030	2.081	1.70	泸州市	-0.504	0.035	-0.301	-0.48
南宁市	0.153	1.672	0.521	1.67	临沧市	-0.749	-0.415	0.202	-0.48
通辽市	-0.150	-0.279	2.082	1.51	玉溪市	0.920	-1.737	0.308	-0.49
昆明市	1.397	1.146	-0.030	1.44	普洱市	-0.794	0.342	-0.404	-0.49
桂林市	0.082	0.121	1.511	1.41	广安市	-0.588	-0.071	-0.224	-0.52
张掖市	-0.152	-0.318	1.804	1.25	雅安市	-0.165	-0.872	0.158	-0.55
钦州市	-0.517	-0.147	1.557	0.98	乐山市	-0.170	-0.566	-0.116	-0.57
西安市	1.098	1.693	-0.906	0.93	西宁市	0.000	0.947	-1.489	-0.62
崇左市	-0.494	0.356	1.037	0.89	遵义市	-0.597	-0.386	-0.100	-0.64
德阳市	0.160	-0.383	1.022	0.69	石嘴山市	0.412	-0.613	-0.634	-0.77
保山市	-0.751	0.905	0.331	0.55	平凉市	-0.683	0.085	-0.602	-0.79
绵阳市	-0.115	0.331	0.412	0.53	渭南市	-0.592	0.234	-0.809	-0.81
贺州市	-0.446	-0.427	1.205	0.52	宝鸡市	-0.104	-0.046	-0.875	-0.83

续表

城市	经济活力	经济结构	第一产业	综合得分	城市	经济活力	经济结构	第一产业	综合得分
克拉玛依市	5.441	-2.349	-0.689	0.41	昭通市	-1.007	0.540	-0.905	-0.89
包头市	1.261	0.119	-0.371	0.37	内江市	-0.500	-0.305	-0.603	-0.97
梧州市	-0.3573	0.502	0.176	0.32	定西市	-1.027	0.018	-0.604	-1.00
来宾市	-0.466	-1.033	1.328	0.20	宜宾市	-0.381	-0.693	-0.417	-1.02
兰州市	1.080	0.868	-1.092	0.19	攀枝花市	1.054	-1.453	-0.680	-1.08
安康市	-0.826	1.401	-0.535	0.11	吴忠市	-0.189	-1.059	-0.325	-1.10
武威市	-0.525	0.042	0.396	0.11	固原市	-1.044	0.445	-1.072	-1.11
贵阳市	0.785	0.527	-0.751	0.10	天水市	-0.785	0.412	-1.296	-1.20
赤峰市	-0.403	0.093	0.249	0.08	曲靖市	-0.392	-1.037	-0.385	-1.23
柳州市	0.365	-0.091	-0.065	0.06	铜川市	-0.620	0.406	-1.502	-1.30
巴中市	-0.922	0.350	0.300	0.05	白银市	-0.350	-0.537	-0.890	-1.30
重庆市	0.021	0.441	-0.377	-0.01	安顺市	-0.712	-0.439	-0.812	-1.34
乌兰察布市	-0.312	-0.893	0.778	-0.10	庆阳市	-0.644	-0.334	-0.959	-1.36
广元市	-0.684	0.278	0.016	-0.12	金昌市	0.686	-2.101	-0.363	-1.43
丽江市	-0.663	0.832	-0.467	-0.14	延安市	0.220	-1.541	-0.651	-1.51
遂宁市	-0.590	0.110	0.068	-0.15	嘉峪关市	1.989	-2.190	-1.211	-1.59
南充市	-0.687	0.438	-0.194	-0.19	乌海市	1.073	-1.164	-1.553	-1.61
自贡市	-0.314	0.092	-0.131	-0.20	榆林市	-0.477	-1.035	-1.412	-2.15
汉中市	-0.563	0.667	-0.492	-0.23	六盘水市	-0.567	-1.073	-1.480	-2.28

表3-5　　　2013年西部地区各地级市公因子得分及
经济发展水平综合值

城市	经济活力	经济结构	综合得分	城市	经济活力	经济结构	综合得分
克拉玛依市	3.144	3.853	4.64	乌鲁木齐市	2.563	-1.754	-0.14
嘉峪关市	1.634	2.182	2.56	绵阳市	-0.280	-0.018	-0.15
鄂尔多斯市	3.972	0.205	2.13	广安市	-0.640	0.178	-0.17
攀枝花市	0.903	1.875	1.95	乌兰察布	-0.446	0.039	-0.19
榆林市	0.411	1.699	1.57	安康市	-0.633	0.129	-0.21
延安市	0.031	1.888	1.53	昆明市	1.518	-1.217	-0.22
金昌市	0.163	1.682	1.43	西安市	1.798	-1.387	-0.22

续表

城市	经济活力	经济结构	综合得分	城市	经济活力	经济结构	综合得分
乌海市	1.424	0.392	1.02	桂林市	-0.160	-0.191	-0.23
石嘴山市	0.503	0.949	1.01	赤峰市	-0.284	-0.138	-0.25
柳州市	0.373	0.811	0.83	海东市	-0.765	0.141	-0.27
宝鸡市	-0.119	1.100	0.82	商洛市	-0.640	0.010	-0.31
铜川市	-0.129	1.061	0.79	重庆市	0.231	-0.588	-0.36
玉溪市	0.144	0.770	0.69	兰州市	1.130	-1.168	-0.38
梧州市	-0.520	1.171	0.68	昭通市	-0.972	0.099	-0.40
银川市	1.445	-0.132	0.61	广元市	-0.565	-0.208	-0.45
资阳市	-0.110	0.796	0.58	临沧市	-0.872	-0.035	-0.46
防城港市	0.104	0.617	0.55	贺州市	-0.763	-0.134	-0.49
德阳市	-0.139	0.725	0.51	汉中市	-0.469	-0.331	-0.50
内江市	-0.609	0.988	0.49	崇左市	-0.681	-0.231	-0.52
乐山市	-0.219	0.724	0.47	武威市	-0.539	-0.326	-0.53
包头市	2.543	-1.016	0.45	丽江市	-0.306	-0.490	-0.54
咸阳市	-0.385	0.719	0.39	来宾市	-0.767	-0.232	-0.57
巴彦淖尔市	-0.249	0.562	0.33	巴中市	-0.753	-0.344	-0.65
自贡市	-0.303	0.571	0.31	遵义市	-0.534	-0.500	-0.66
宜宾市	-0.630	0.772	0.31	中卫市	-0.546	-0.490	-0.66
酒泉市	0.409	0.096	0.28	钦州市	-0.678	-0.416	-0.67
眉山市	-0.371	0.565	0.27	玉林市	-0.630	-0.449	-0.67
通辽市	-0.251	0.469	0.25	贵阳市	1.062	-1.515	-0.69
泸州市	-0.555	0.657	0.25	平凉市	-0.661	-0.453	-0.69
雅安市	-0.357	0.509	0.23	普洱市	-0.752	-0.450	-0.73
庆阳市	-0.599	0.624	0.20	南宁市	0.530	-1.268	-0.75
北海市	-0.144	0.268	0.14	呼和浩特市	2.644	-2.701	-0.85
遂宁市	-0.650	0.411	0.01	贵港市	-0.713	-0.663	-0.88
渭南市	-0.565	0.322	-0.02	毕节市	-0.902	-0.541	-0.88
六盘水市	-0.380	0.183	-0.04	铜仁市	0.179	-1.26	-0.92
达州市	-0.725	0.386	-0.05	张掖市	-0.375	-0.932	-0.93
成都市	1.696	-1.119	-0.06	保山市	-0.643	-0.849	-1.00

续表

城市	经济活力	经济结构	综合得分	城市	经济活力	经济结构	综合得分
吴忠市	-0.510	0.2445	-0.06	河池市	-0.743	-0.910	-1.10
百色市	-0.783	0.393	-0.07	安顺市	-0.438	-1.155	-1.14
西宁市	0.533	-0.425	-0.08	天水市	-0.591	-1.142	-1.21
南充市	-0.703	0.320	-0.09	陇南市	-0.700	-1.455	-1.51
呼伦贝尔市	0.244	-0.288	-0.11	定西市	-0.769	-1.598	-1.66
白银市	-0.450	0.126	-0.12	固竭市	-0.663	-1.759	-1.74

在得出经济发展水平综合值的基础上，对西部地区各地级市进行系统聚类分析，依据系统聚类的结果可以将西部地区各地级市分为经济高水平、经济中等水平和经济低水平三类（见表3-6）。

（三）西部地区经济空间结构演变的特征

基于上述结论，分别以1993年、2003年、2013年的66个、82个、86个地级市为空间单元，分析西部地区经济空间结构演变情况，发现区域经济空间结构有以下几点特征。

1. 空间极化明显，且极化作用持续

由区域经济综合发展水平测度结果可知，西部地区经济发展极化现象突出。1993年、2003年、2013年西部地区经济发展都存在极化，但极化城市数量和程度不同：1993年极化城市较多，各城市间极化程度差异较小；2003年极化城市数量少，城市间极化程度差异扩大；2013年极化城市数量持续减小，城市间极化程度差异较大。区域经济发展水平综合值更能说明这个现象：经济发展高水平地区是经济综合发展水平指数高的地区，即极化城市，1993年、2003年、2013年数量变化依次为14个、18个和1个。中等发展水平地区中多数城市为所在地区的发展极，在经济发展中起着辐射、带动的作用。无论从时间还是从区域视角来看，西部地区经济发展存在极化现象，且极化影响具有持续性。

2. 区域经济空间分异呈"非均衡→均衡"趋势

从1993年、2003年、2013年的变化可以看出，西部各地级市除

表3-6　1993年、2003年、2013年西部各地级市经济综合发展水平分类

类别		得分区间	1993年	得分区间	2003年	得分区间	2013年
第一类	经济高水平	0.95≤X≤2.62（14个）	克拉玛依市、攀枝花市、玉溪市、嘉峪关市、石嘴山市、包头市、柳州市、宝鸡市、兰州市、乌海市、白银市、重庆市、金昌市、六盘水市	0.89≤X≤3.62（18个）	银川市、巴彦淖尔市、北海市、乌鲁木齐市、酒泉市、呼和浩特市、防城港市、成都市、呼伦贝尔市、鄂尔多斯市、南宁市、通辽市、昆明市、桂林市、张掖市、钦州市、西安市、崇左市	X≥4.46（1个）	克拉玛依市
第二类	经济中等水平	-0.89≤X≤0.76（39个）	宜宾市、遵义市、铜川市、昭通市、咸阳市、泸州市、昆明市、贵阳市、桂林市、西宁市、雅安市、西安市、呼和浩特市、自贡市、银川市、乌鲁木齐市、乐山市、曲靖市、天水市、资阳市、吴忠市、赤峰市、绵阳市、内江市、玉林市、成都市、南充市、延安市、南宁市、广安市、安康市、德阳市、榆林市、安顺市、渭南市、河池市、贵港市	-0.64≤X≤0.69（41个）	德阳市、保山市、绵阳市、贺州市、克拉玛依市、包头市、梧州市、来宾市、兰州市、昆明市、安康市、武威市、贵阳市、西安市、赤峰市、柳州市、巴中市、重庆市、乌兰察布市、广元市、丽江市、遂宁市、南充市、自贡市、汉中市、达州市、咸阳市、河池市、资阳市、贵港市、玉林市、眉山市、商洛市、百色市、泸州市、临沧市、玉溪市、普洱市、广安市、雅安市、遵义市、乐山市、西宁市	1.34≤X≤2.56（6个）	嘉峪关市、鄂尔多斯市、攀枝花市、榆林市、延安市、金昌市

续表

类别		得分区间	1993 年	得分区间	2003 年	得分区间	2013 年
第三类	经济低水平	−2.86≤X≤−1.03（13个）	普洱市、巴中市、通辽市、遂宁市、百色市、保山市、酒泉市、张掖市、武威市、北海市、平凉市、防城港市、钦州市	−2.28≤X≤−0.79（23个）	石嘴山市、平凉市、渭南市、宝鸡市、昭通市、内江市、定西市、宜宾市、攀枝花市、吴忠市、固原市、天水市、曲靖市、铜川市、白银市、安顺市、庆阳市、金昌市、延安市、嘉峪关市、乌海市、榆林市、六盘水市	−1.74≤X≤1.02（79个）	乌海市、石嘴山市、柳州市、宝鸡市、铜川市、玉溪市、梧州市、银川市、江市、防城港市、德阳市、内江市、乐山市、包头市、咸阳市、巴彦淖尔市、自贡市、宜宾市、酒泉市、眉山市、通辽市、泸州市、雅安市、庆阳市、北海市、遂宁市、渭南市、六盘水市、达州市、成都市、吴忠市、百色市、西宁市、南充市、呼伦贝尔市、白银市、乌鲁木齐市、绵阳市、广安市、乌兰察布市、安康市、昆明市、西安市、赤峰市、海东市、商洛市、桂林市、兰州市、昭通市、广元市、重庆市、贺州市、汉中市、崇左市、临沧市、丽江市、来宾市、巴中市、武威市、中卫市、钦州市、玉林市、遵义市、平凉市、普洱市、毕节市、南宁市、贵阳市、呼和浩特市、贵港市、铜仁市、安顺市、张掖市、保山市、河池市、天水市、陇南市、定西市、固原市

第三章 西部地区经济协调发展的动态评价 | 27

极化城市外，其他城市经济发展水平综合值波动逐渐平稳，说明西部地区经济发展趋于均衡。通过西部地区各地级市经济综合发展水平分类可以看出，西部地区经济空间结构由1993年各城市在三种类别上分散分布形态向2013年各城市在某一类别上聚集分布形态转变，西部地区各地级市发展水平差距逐渐缩小。

四 西部地区经济空间结构演变的影响因素分析

（一）历史因素

历史因素包括一个地区既成的物质积累与空间分布、非物质积累与空间分布。由于各区域发展初始条件不同，各区域经济发展水平不同。西部地区各省份在地理条件、发展基础等方面存在先天的差距，例如青海地理环境差、气候条件恶劣、经济发展起步晚、基础设施建设落后，这些因素都成为其经济发展的制约因素。而四川、重庆、甘肃等省份自古以来都属于交通要道，在地理位置、交通、气候等方面存在明显的优势。历史因素是客观存在的，不能去除，但通过一定的利用和改善可以将不利因素转化为有利因素。

（二）制度因素

制度因素可划分为正式制度和非正式制度，正式制度是影响西部地区经济差异的因素之一。制度供给上的不均衡主要表现在制度供给的时间先后顺序不同。各种制度的改革从省级层面来看，都是东部地区率先实行，而后是中西部地区；从西部地区制度改革的实施来看，首先是经济发展水平较高的地区，最后才是经济发展水平较低的地区。西部地区是经济发展需求最迫切的地区，也是最需要制度改革的地区，而在现实中西部地区往往是政策、制度改革实施最滞后的地区。西部地区各地级市实施效果各异，导致西部地区城市经济发展空间差距越来越大。

（三）区位和交通因素

西部地区各省份的区位和交通条件存在明显差异，区位和交通条件是影响区域经济空间结构形成的重要因素之一。区位的优劣影响区域经济发展的次序，交通条件会影响区域经济发展的水平，区位和交通条件的差异会引致区域间其他经济增长因素的差异。交通条件作为区域经济发展的基础条件，便利和通达度直接关系进入某区域的可能性，并在一定程度上影响区域间的经济联系。甘肃、四川、重庆等省份具有区位优势，与中东部地区交通关联度较高，交通优势较青海、新疆等地明显。

（四）要素禀赋

要素禀赋指的是区域内要素的分布状态，要素禀赋的状况决定区域经济增长水平，以及区域内经济空间分布差异与其密切相关。区域要素禀赋，例如自然禀赋、人力资源禀赋、物质资本禀赋、科技禀赋、制度禀赋等，共同作用于区域空间。单一的要素无法生产，联合起来通过分工影响区域经济增长。不同阶段、不同地区要素禀赋的传导机制和循环积累因果机制不同，对经济发展的影响程度也不同。西部地区虽然具有自然禀赋优势，但自然禀赋优势未能充分与其他要素相结合，阻碍了西部地区经济均衡发展。

五　结论

本节以西部地区地级市为研究区域，选取人均GDP、人均第一产业产值等7个指标，运用因子分析法和聚类分析法分析西部地区1993年、2003年、2013年的区域经济空间演化，在此基础上得出以下结论：

第一，1993—2013年，西部地区农业对经济的贡献降低，第二产业和第三产业贡献度提高，说明西部地区产业结构趋于高级化和合理化；第二，1993—2013年，西部地区经济发展存在极化现象，1993—2013年，西部地区经济空间极化作用持续，极化城市数量减少；第三，1993—2013年西部地区经济发展趋于均衡，区域间发展差异缩小；第四，优化西部地区经济空间结构要将历史因素中不利因素转化为有利因素，将要素禀赋优势转化为经济优势，加强和完善交通等基础设施建设，普及教育，改善思想观念，淡化非正式制度影响。总之，需增强区域间的交流，促进区域间协调发展，以达到优化西部地区经济空间结构的目的。

第二节 西部地区经济协调水平测度

西部地区经济协调发展是关系我国经济社会长期发展与稳定的重大问题之一。西部地区经济协调发展是缩小地区差距,实现更好、更快可持续发展的迫切需要,是构建社会主义和谐社会的重要基础。西部地区经济协调发展面临着许多突出问题,本节测度经济协调发展水平,为促进西部地区经济协调发展提供重要的实证支持。

区域经济协调发展就是区域之间在经济交往上日趋密切、相互依赖程度日益加深、发展上关联互动,从而达到各区域的经济均衡持续发展的过程。区域协调发展强调的是区域之间的差距不断缩小,逐步从不协调向协调、从非均衡向均衡的一种动态转化的过程。

本节从两个方面测度西部地区经济协调发展水平:一方面,从时序和空间两个维度分别计算经济增长率变异系数和经济增长水平变异系数,评价西部地区经济发展的总体协调度;另一方面,从时序和空间两个维度分别计算西部地区产业结构与新型城镇化耦合协调度,把握西部地区产业结构演变与新型城镇化协调发展状况。

一 西部地区经济发展协调度评价

(一) 评价标准

采用周岩(2014)对区域协调发展的两个判断标准,即经济增长率变异系数和经济增长水平变异系数,测量西部地区总体经济协调发展状况。

1. 区域经济增长率变异系数

$$\beta = \frac{\sqrt{\sum_j (y_j - \bar{y})^2}{n}}}{\bar{y}} \quad (3-2)$$

式中,β 表示 n 个地区经济增长率变异系数,y_j 为 j 地区生产总值增长率,$j=1, 2, \cdots, n$;$\bar{y}$ 为 n 个地区生产总值平均增长率。

2. 区域经济增长水平变异系数

$$V = \frac{\sqrt{\sum_j (x_j - \bar{x})^2}{n}}{\bar{x}} \quad (3-3)$$

式中，V 为区域经济增长水平变异系数，x_j 为 j 地区人均生产总值，$j=1,2,\cdots,n$；$\bar{x}$ 为 n 个地区人均生产总值的平均值。

（二）结果分析

1. 西部地区经济协调发展的时序特征

（1）西部地区经济增长率变异系数的时序特征。计算出西部地区经济增长率变异系数并绘制成曲线（见图3-1）。可以看到，2003—2014年，西部地区经济增长率变异系数呈现频繁上下波动的状态。

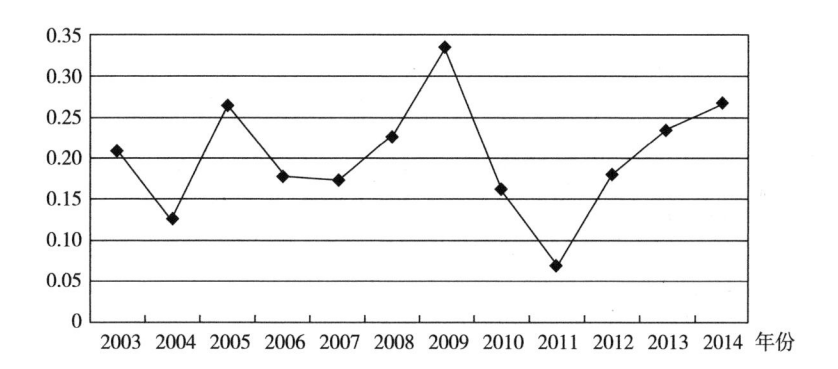

图3-1 2003—2014年西部地区经济增长率变异系数

具体特征如下：

2004年，西部地区经济增长率变异系数下降，表明西部大开发的实施对西部地区经济的发展起到了很大的促进作用，经济运行逐步进入良性循环，西部地区经济协调发展状况得到了明显的改善。

2005年，经济增长率变异系数发生了反弹，经济增长速度回落，这可能由于这段时期仍处于西部大开发的奠定基础阶段，对各产业结构的调整尚未全部完成，经济状态发展不稳定。

2006—2007年，在西部地区产业空间布局、交通网络建设逐步优化、基础设施逐步完善的推动下，经济又逐步进入恢复性的增长阶段，经济增长率变异系数呈现下滑趋势，区域协调发展状况得到了进一步的改善。

2008—2009年，经济增长率变异系数呈现上升态势并于2009年达到最高峰0.334。

2010—2011年，经济增长率变异系数下降，2011年达到最低值0.071。

2012—2014年，西部地区经济增长率变异系数再次出现了上行的趋势，从0.181上升到0.266。

（2）西部地区经济增长水平变异系数的时序特征。计算出西部地区经济增长水平变异系数并绘制成曲线（见图3-2）。从该变异系数的变化特点来看，可将其分为两个阶段：2003—2009年为第一阶段；2010—2014年为第二阶段。

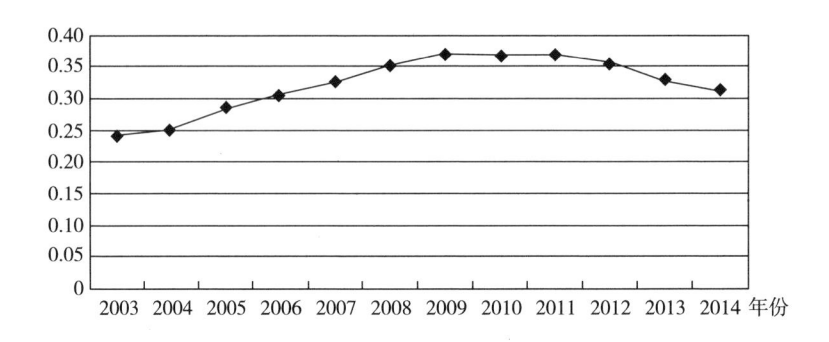

图3-2　2003—2014年西部地区经济增长水平变异系数

2003—2009年，经济增长水平变异系数呈现上升的态势，从2003年0.227上升到2009年的0.370，表明西部地区经济差异是不断扩大的，经济增长的分化现象越来越明显，不利于区域内部经济的协调发展。但在2010—2014年，变异系数开始逐年下降，表明西部地区经济差异有所缩小，区域经济开始从不协调逐步转向协调发展。

2. 西部地区经济协调发展的空间特征

（1）西部地区经济增长率变异系数的空间特征。以各省份地级市的数据（重庆选取市辖区数据）代入式（3-2）和式（3-3），分别计算出西部地区 11 个省份（除西藏外）经济增长率变异系数并绘制成曲线（见图 3-3）。

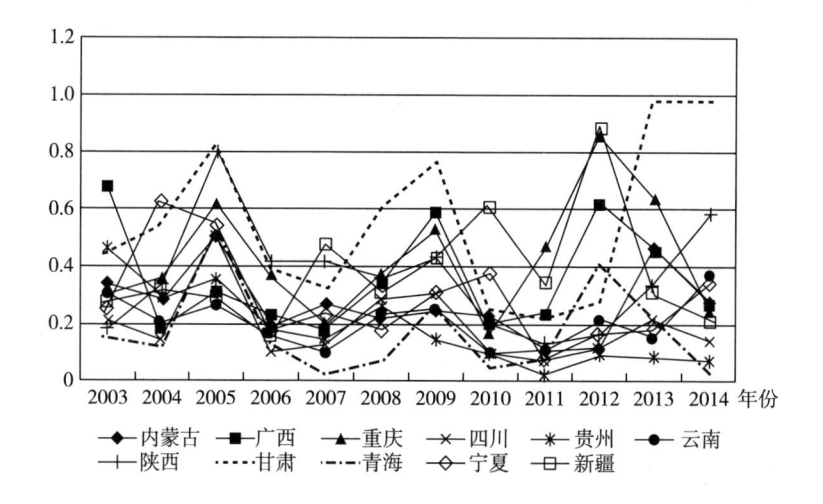

图 3-3 2003—2014 年西部地区各省份经济增长率变异系数

可以看到，西部地区经济增长率变异系数变化过程较为复杂，大体呈现出以下几个特征。

第一，2008—2009 年，西部地区经济增长率变异系数上升的省份有 9 个，按照上升幅度从大到小排序依次是甘肃、广西、重庆、青海、四川、云南、宁夏、陕西和贵州。甘肃、广西、重庆、青海的经济增长率变异系数上升幅度分别为 0.445、0.415、0.329 和 0.237。经济增长率变异系数下降的省份有内蒙古和新疆。

第二，2010—2011 年，西部地区经济增长率变异系数出现明显下降，下降的省份共有 7 个。按照下降幅度依次排序为宁夏、新疆、内蒙古、贵州、陕西、甘肃和四川。宁夏、新疆、内蒙古的经济增长率变异系数下降了 0.299、0.261 和 0.122。相反，广西、重庆、云南和青海的经济增长率变异系数上升。上升幅度最大的是重庆，上升了 0.294。

第三，2012—2014 年，西部地区各省经济增长率变异系数再次出现下行，除广西、重庆、贵州、青海和新疆5省份外，其他各省份的经济增长率变异系数都出现了较大的上升，涨幅最大的是甘肃，达到0.695。

总的来看，2003—2014年，西部地区各省份经济增长率变异系数较低。根据计算结果可知，2014年，经济增长率变异系数小于0.4的省份有9个，分别是云南、宁夏、广西、重庆、内蒙古、新疆、四川、贵州和青海。经济增长率变异系数大于0.4、小于0.6的省份只有一个，是陕西。经济增长率变异系数大于0.8、小于1的省份只有一个，是甘肃。经济增长率变异系数上升的有4个省份，分别为云南、陕西、甘肃和宁夏。其中：上升幅度最大的是甘肃，为0.529；其次是陕西，上升了0.407。说明这4个省份的区域协调发展状况恶化。经济增长率变异系数下降的省份是内蒙古、广西、重庆、四川、贵州、青海和新疆，其中下降幅度最大的是广西，为0.417，7个省份的区域协调发展的状况不断改善。

（2）西部地区经济增长水平变异系数空间特征。以各省份地级市数据（重庆选取市辖区数据）分别计算出西部地区11个省份（除西藏外）的经济增长水平变异系数并绘制成曲线（见图3-4）。

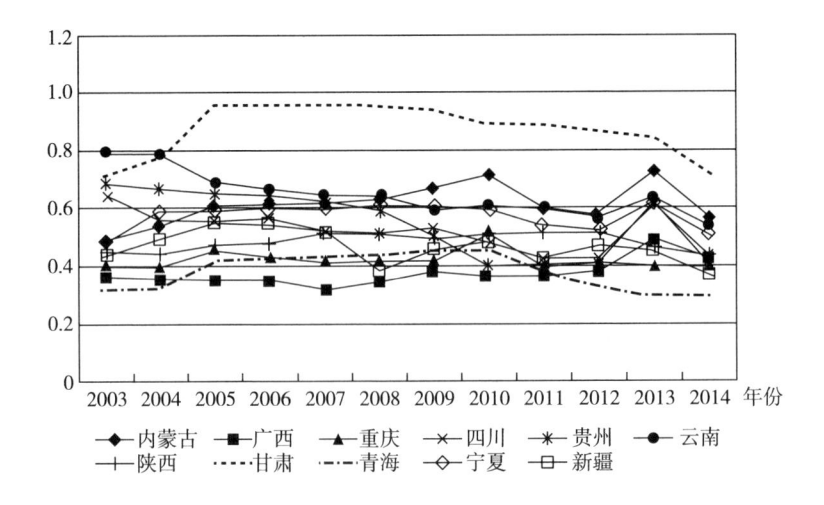

图3-4　2003—2014年西部地区各省份经济增长水平变异系数

可以看到，2003—2014 年，西部地区经济增长水平变异系数波动比较平缓，除甘肃外，其他省份都没有出现特别大的波动。从西部地区各个省份经济增长水平变异系数曲线变化过程来看，我们可大致将其分为几个阶段。

2003—2006 年为第一阶段。经济增长水平变异系数上升的省份有7 个，分别是内蒙古、重庆、陕西、甘肃、青海、宁夏和新疆，其区域经济差异不断扩大，不利于区域内部经济的协调发展。经济增长水平变异系数下降的省份有 4 个，分别是广西、四川、贵州和云南，其区域经济差距缩小。

2007—2009 年为第二阶段。区域经济发展呈现出极大的不稳定性，多数省份经济增长水平变异系数是上升的，其中，上升幅度较大的省份有内蒙古、广西和青海，上升幅度分别为 0.057、0.067 和 0.032。其他省份经济增长水平变异系数下降，其中下降幅度最大的是贵州，为 0.116，其次是新疆，为 0.064。

2010—2011 年为第三阶段。是西部开发加速阶段，各省份经济增长水平变异系数下降，区域经济差异缩小。

2012—2014 年为第四阶段。多数省份经济增长水平变异系数开始上升，上升幅度较大的省份有内蒙古、广西、四川和贵州，分别为0.156、0.110、0.181 和 0.228，区域经济发展差异开始扩大。2013—2014 年，各省份经济增长水平变异系数开始降低，区域经济发展差异缩小，逐步向协调方向发展。

二 西部地区产业结构与新型城镇化耦合协调度测度

在党的十八大会议上，中央明确提出要促进农业转移人口市民化，推动城乡发展一体化，加快新型城镇化建设步伐。新型城镇化的核心是人口城镇化，强调产业支撑、人居环境、社会保障、生活方式等方面实现由"乡"到"城"的转变。在推动新型城镇化建设的过程中，应注重城镇产业经济的培养，重视产业转型升级，实现新型城镇化与产业结构优化的良性互动。

自 2000 年以来，我国西部地区产业结构不断优化。据近 15 年产业结构演变历程可看出，西部地区产业结构比重呈现出"二、三、一"的发展趋势。特别是最近几年,西部地区第二产业比重上升到50%左右,第三产业达到40%左右,第一产业则降到了10%左右。西部地区城镇化不断发展,城镇人口不断增多,人们的居住环境、社会保障水平、生活方式等不断改善。

产业结构的变迁带动了新型城镇化的发展,同时新型城镇化的发展也对产业结构的变迁起到了重要的促进作用。产业结构的演变是新型城镇化发展到一定程度的产物,而产业结构的变迁也以新型城镇化的发展为必然前提。产业结构变迁与新型城镇化发展互为背景,相互协调、相互推进才能保证两者和谐健康地发展。产业结构的变迁无疑能带动新型城镇化的发展,新型城镇化的发展也会对产业结构的变迁起到促进作用,产业结构变迁与新型城镇化的发展相互促进的同时也相互制约。

(一)产业结构变迁与新型城镇化的耦合机理

1. 产业结构升级支撑新型城镇化发展

产业结构升级在整个国民经济产业结构变迁过程中主要表现为国民经济的重心由第一产业向第二产业转移,进而向第三产业的升级。产业结构升级意味着产业发展不断成熟,对城镇化的主要影响:一是农民的就业机会增加,企业发展加快;农民进入城镇,接受培训成为产业工人,素质得到提升,收入不断增加并逐步稳定,生活成本降低,生活水平不断改善;企业用地成本降低,用工实现本地化,通过就地招工、就地培训,降低人力成本,减少人员的流动性,提高员工的稳定性。二是地方财政得到改善,使新型城镇化建设具备了自我"造血"功能。有了产业的"反哺",新型城镇化发展就会更有活力,更能持续。政府有了财力,就可以不断完善基础设施建设,不断为城镇居民提供均等的医疗、教育、养老、交通等公共服务,改善民生福祉。三是与当地服务业相互支撑,相得益彰。有稳定消费能力的人口聚集和城镇环境的改善,为第三产业繁荣提供了条件。城镇功能配套进一步完善,既有利于促进产业持续健康发展,也有利于吸纳更多的农民就业。并且,产业结构升级能够促进大量创新产业发展,新型城镇化的发展需要产业支撑,现代制造业和生产服务业是新型城镇化发展的强大动力。产业结构升级意味着产业结构从低级形态向高级形态的转变,这种转变以科技创新为主要动力,技术进步促进新型城镇化与工业化、信息化和农业现代化之间的互动,推动新型城镇化的发展。

2. 新型城镇化促进产业结构变迁

新型城镇化发展促进产业结构变迁,其作用主要表现在劳动力结构优化、城镇建设需求增加、市场消费需求上升和技术创新发展等方面。新型城镇化促进农村人口向城镇转移,完成农民到市民的转变,推动劳动力从第一产业向第二、第三产业转移,改变劳动力结构,为产业结构变迁提供基础条件。新型城镇化为城镇建设提供基本的要素支撑,新型城镇化发展加快城镇基础设施建设,公共服务逐渐完善,社会保障能力不断加强。新型城镇化增强城市劳动力收入效应,促进城市规模扩大、空间扩张,市民生活不断改善,城市文化质量不断提高,城市劳动力收入不断增加,进而推动市场消费需求的扩大,这种需求结构的变动会进一步促进产业结构的变化。新型城镇化促进分工专业化,以及知识的产生、积累以及扩散,促进技术的创新与发展。技术创新作为产业成长和发展的推动力量,推动产业结构变迁与发展。

在概述产业结构变迁与新型城镇化关系的基础上,本节将分析西部地区产业结构和新型城镇化的协调发展状况。运用耦合协调度模型,分别从时间和空间两个维度对西部地区产业结构变迁与新型城镇化的耦合协调度进行测算并加以比较,以便更好地把握西部地区产业结构变迁和新型城镇化的协调发展状况。最后,提出西部地区产业结构变迁和新型城镇化耦合协调发展的对策及建议。

(二) 产业结构与新型城镇化水平评价指标构建

从产值结构和就业结构两个层面,选取了6项指标,构建西部地区产业结构评价指标体系(见表3-7)。从人口城镇化、基本公共服务、基础设施、环境保护、经济发展水平和城乡统筹六个层面,选取了22项指标,衡量西部地区的新型城镇化水平(见表3-8)。根据熵值法,分别计算得到产业结构评价指标体系与新型城镇化水平评价指标体系的权重。

表3-7　　　　　　　　　　产业结构评价指标体系

耦合系统	指标类型	指标体系	单位	权重
产业结构	产值结构	第一产业产值占GDP比重（A1）	%	0.106
		第二产业产值占GDP比重（A2）	%	0.196
		第三产业产值占GDP比重（A3）	%	0.162
	就业结构	第一产业就业人员占总就业人数比重（A4）	%	0.139
		第二产业就业人员占总就业人数比重（A5）	%	0.277
		第三产业就业人员占总就业人数比重（A6）	%	0.120

表3-8　　　　　　　　　新型城镇化水平评价指标体系

耦合系统	指标类型	指标体系	单位	权重
新型城镇化	人口城镇化	城镇人口占总人口比重（B1）	%	0.038
		人口增长率（B2）	%	0.018
	基本公共服务	千人拥有医院床位数（B3）	张	0.095
		千人拥有医生数（B4）	人	0.048
		千人拥有公交车数（B5）	标台	0.016
		城镇登记失业率（B6）	%	0.052
		高等教育教师数（B7）	万人	0.036
		高等教育学校数（B8）	所	0.028
		高等教育学生数（B9）	万人	0.034
	基础设施	人均城镇道路面积（B10）	平方米	0.028
		用水普及率（B11）	%	0.018
		燃气普及率（B12）	%	0.022
	环境保护	生活垃圾清运量（B13）	万吨	0.033
		人均公园绿地面积（B14）	平方米	0.042
		城市污水日处理能力（B15）	万立方米	0.037
	经济发展水平	人均GDP（B16）	元	0.068
		社会消费品零售总额（B17）	亿元	0.072
		固定资产投资额（B18）	亿元	0.082
		城镇恩格尔系数（B19）	%	0.020

续表

耦合系统	指标类型	指标体系	单位	权重
新型城镇化	城乡统筹	城镇居民人均可支配收入（B20）	元	0.059
		农村居民人均纯收入（B21）	元	0.075
		城乡居民收入比（B22）	%	0.079

资料来源：《中国经济与社会发展统计数据库》、中华人民共和国国家卫生和计划生育委员会、中华人民共和国国家统计局、中华人民共和国人力资源和社会保障部、《国民经济与社会发展统计公报》、内蒙古自治区统计局、广西壮族自治区统计局、重庆统计信息网、四川省统计局、贵州省统计局、云南省统计局、陕西省统计局、甘肃省统计局、青海统计信息网、宁夏回族自治区统计局、新疆维吾尔自治区统计局。

（三）西部地区产业结构与新型城镇化水平评价

1. 西部地区产业结构综合评价

根据熵值法计算产业结构综合评价得分（见图3-5）。

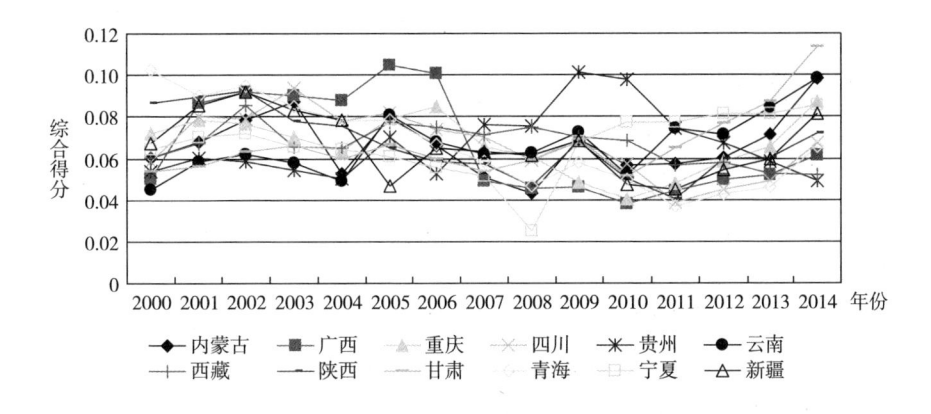

图3-5　2000—2014年西部地区产业结构综合得分

由图3-5可知，2000—2014年，西部地区各省份的产业结构变迁呈现频繁上下波动的状态，平均值大约为0.067。在2008年以前，西部地区大部分省份的产业结构综合评价得分在0.067以上，处于产业结构的较高水平状态。2008年以后，大多数省份的产业结构综合评价得分逐步下降，低于0.067的平均水平。

根据西部地区产业结构综合得分的变化特征，可将其产业结构变迁分为4个阶段，2000—2002年为第一阶段，2003—2007年为第二阶段，2008—2011年为第三阶段，2012—2014年为第四阶段。

第一阶段，2000—2002年。西部地区各省份产业结构综合评价得分整体上呈上升态势，内蒙古、广西、四川、西藏和新疆5个省份的产业结构综合评价得分，分别从2000年的0.060、0.050、0.058、0.060和0.067上升到2002年的0.079、0.092、0.079、0.086和0.092，上升幅度分别为0.019、0.042、0.021、0.026和0.025。西部12个省份中，产业结构综合评价得分较高的是青海、陕西和新疆3个省份，综合值均在平均水平0.067之上。

第二阶段，2003—2007年。除陕西、青海和宁夏3个省份产业结构综合得分呈下降趋势外，其余省份产业结构综合得分均呈现"上升—下降—上升"的趋势，其中，广西的产业结构综合得分最高。

第三阶段，2008—2011年。西部大开发加速发展，西部地区各省份的产业结构综合得分呈现上升或下降或在两者之间波动的态势。贵州的产业结构综合得分最高，说明西部大开发战略对贵州产业结构变迁的推动作用是最大的。

第四阶段，2012—2014年。这段时期，西部地区各省份的产业结构综合得分整体上呈上升趋势，表明各省份产业结构向更高级的形态演变。

2. 西部地区新型城镇化水平综合评价

根据熵值法计算新型城镇化水平得分（见图3-6）。

由图3-6可知，2000—2014年，西部地区各省份的新型城镇化水平整体呈上升趋势，平均值约为0.067。2008年以前，西部地区大部分省份的新型城镇化水平综合评价得分在0.067以下，处于新型城镇化发展的低水平状态。2008年以后，大多数省份的新型城镇化水平综合评价得分在平均值0.067以上，表明西部地区各省份的新型城镇化水平逐年提高，但各省份之间的差异有扩大的趋势。分阶段看，西部地区新型城镇化水平呈现以下特征。

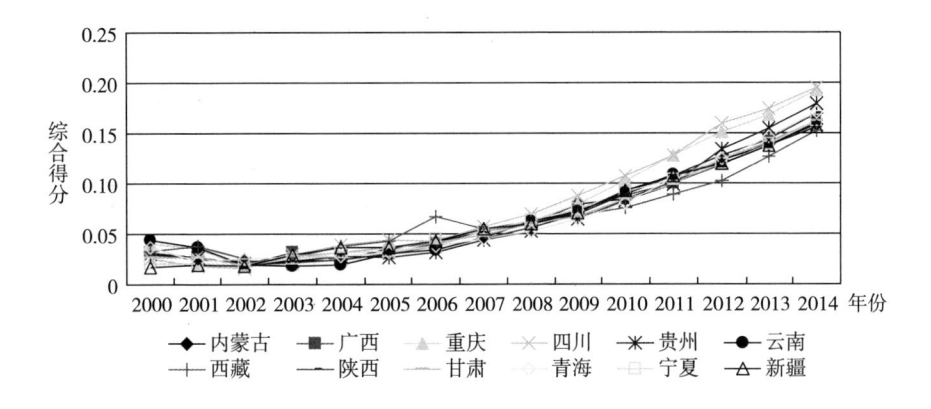

图 3-6 2000—2014 年西部地区新型城镇化水平综合得分

2000—2001 年，云南的新型城镇化水平居首位，重庆和西藏跟随其后，其他省份则处于相对靠后的位置。西部地区各省份间新型城镇化水平的最大差距由 2002 年的 0.010 扩大为 2012 年的 0.058。重庆新型城镇化水平相对其他省份变化更大，从 2002 年的 0.018 到 2014 年的 0.193，经历了持续上升的发展过程。其中 2003—2006 年，西部地区各省份新型城镇化发展相对都比较缓慢，新型城镇化水平缓慢上升。随后将近十年的时间，西部地区各省份的新型城镇化取得了较快的发展。四川和重庆的新型城镇化发展节奏基本一致。总体来说，2000—2014 年，西部地区各省份新型城镇化都保持了较高的发展速度。

（四）西部地区产业结构与新型城镇化耦合协调度测度

1. 耦合协调度的时序特征

运用 SPSSAU 计算 2000—2014 年西部地区产业结构与新型城镇化耦合协调度，并绘制成曲线（见图 3-7）。

由图 3-7 可知，2000—2014 年，西部地区产业结构与新型城镇化耦合协调度的平均值由 0.562 上升到 0.858，各省份之间的耦合协调度也由最初的 0.528—0.625 发展为 0.758—0.961，整体上呈现逐年上升的趋势。西部地区 12 个省份产业结构与新型城镇化的耦合协调度在 2000—2014 年虽各自呈现上下波动的状态，但整体上实现了向更高耦合协调度的良性转变。2000—2014 年，西部地区产业结构与新型城镇化耦合协调度阶段性演化特征明显。

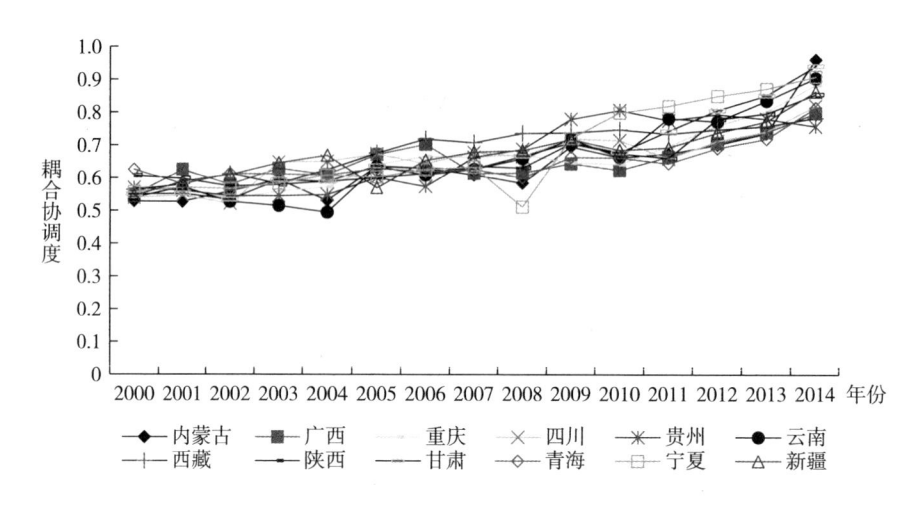

图 3-7　2000—2014 年西部地区产业结构与新型城镇化耦合协调发展趋势

第一阶段，2000—2004 年。耦合协调度的值为 0.494—0.669，西部地区各省份产业结构与新型城镇化耦合协调度虽有微小波动，但有一定程度的提升。这表明耦合协调发展水平有所提高，从濒临失调达到了初级协调，但总体上来看，两者协调发展的层次还是比较低。

第二阶段，2005—2010 年。耦合协调度的值为 0.511—0.806，耦合协调度略有上升，西部地区产业结构与新型城镇化从勉强协调达到了良好协调。这期间耦合协调度的值出现了一些波动，可能是各省份产业结构调整和新型城镇化发展的程度有所不同，导致各省份产业结构与新型城镇化耦合协调度曲线出现了波动。

第三阶段，2011—2014 年。耦合协调度的值为 0.644—0.961，西部地区产业结构与新型城镇化耦合协调度上升速度较快，两者从初级协调达到了优质协调。其中，内蒙古、广西、重庆、四川、陕西、甘肃、青海和新疆每年均以 0.050 以上的幅度增长。随着西部大开发政策的推进，西部地区不断提高基础设施建设水平，着力培育特色产业，实施区域产业化、市场化、生态化和专业化的全面升级。西部地区产业结构与新型城镇化之间不断良性互动,两者之间的耦合协调度越来越高并最终达到优质协调。

2. 耦合协调度的空间特征

运用 SPSSAU 分别计算西部地区 12 个省份 2000 年、2005 年、2010 年及 2014 年产业结构演变与新型城镇化耦合协调度的值,结果如表 3-9 所示。

表 3-9　西部地区各省份产业结构与新型城镇化耦合协调度

	2000 年	2005 年	2010 年	2014 年
内蒙古	0.528	0.635	0.662	0.961
广西	0.549	0.671	0.624	0.798
重庆	0.575	0.641	0.642	0.884
四川	0.539	0.673	0.715	0.821
贵州	0.570	0.601	0.806	0.758
云南	0.540	0.634	0.664	0.905
西藏	0.563	0.676	0.748	0.783
陕西	0.607	0.601	0.674	0.855
甘肃	0.549	0.636	0.678	0.942
青海	0.625	0.628	0.661	0.814
宁夏	0.557	0.602	0.799	0.909
新疆	0.544	0.569	0.685	0.864

根据耦合协调度 D 的值,将 12 个省份划分为 6 类:

第一类:$0.8 \leq D \leq 1$ 优质协调区域

第二类:$0.7 \leq D < 0.8$ 良好协调区域

第三类:$0.6 \leq D < 0.7$ 中级协调区域

第四类:$0.5 \leq D < 0.6$ 初级协调区域

第五类:$0.4 \leq D < 0.5$ 勉强协调区域

第六类:$0 \leq D < 0.4$ 失调区域

由表 3-9 可知,2000 年,除陕西、青海的耦合协调度水平大于 0.6,领先于其他省份外,西部地区其他省份的产业结构与新型城镇化耦合协调度均为勉强协调。从产业结构综合评价得分来看，青海最高。从新型城镇化水平来看，新疆最低，新疆的新型城镇化落后于产业结构的调整。2005年，西部地区各省份的耦合协调度有所上升，除新疆仍然处于勉强协调水平外，其他各省份均保持在初级协调水平。从产业结构综合评价得分来看，新疆的分值是倒数第一，仅为0.4，影响了新疆两者耦合协调度的提升。2010年，各省份的耦合协调度水平持续上升。但比较发现，只有1/3的省份，四川、贵州、西藏和宁夏的耦合协调度大于0.7，达到中级协调水平；其他2/3的省份仍处于初级协调水平，新疆的协调水平也已进入初级阶段。从产业结构得分来看，贵州最高，四川、西藏居中；从新型城镇化得分来看，西藏位居第一，四川第二，产业结构水平的提高及新型城镇化均衡发展是耦合协调水平持续提高的主要原因之一。2014年，除贵州、西藏和广西之外的省份均达到良好协调水平，耦合协调度得分大于0.8。贵州得分为0.758，接近良好协调水平。贵州的产业结构得分自2009年之后，持续下降，至2014年居倒数第一。西藏的耦合协调度得分为0.783，广西为0.798。2014年西藏的产业结构得分倒数第二，新型城镇化得分倒数第一；广西的产业结构水平滞后于新型城镇化水平，致使两者未达到良好协调水平。

总的来说，自2000年以来，西部12个省份的新型城镇化与产业结构耦合协调度水平逐步由勉强协调趋于良好协调。产业结构调整和新型城镇化耦合协调进程中，西藏、贵州、广西相对落后。

第四章 西部地区城市等级划分及结构特征

基础设施建设与产业发展将导致城市产业与人口的集聚，城市人口空间上分布差异形成城市体系结构。本章从空间尺度，以西部地区为研究区域，以城市为研究对象，在梳理城市等级划分和结构特征已有研究基础上，首先，定量测算西部地区各城市及城市群的潜力值，以此为依据对西部地区各城市进行分类，以便更好地分配资源，促进西部地区城市化发展，带动区域经济协调发展；其次，加强新常态下西部地区城市体系研究，分析西部地区城市体系的规模结构和职能结构特征，以实现西部地区协同发展，适应西部地区新型城镇和经济协调发展的需求。

第一节 西部地区城市等级划分

方创琳（2011）认为，城市群是指在某个特定的区域内，以某个特大城市为中心，以3个以上大城市为基本单元，依靠完善的交通通信等基础设施网络，以实现同城化和高度一体化为目标，空间相对紧密、经济联系频繁的城市群体。中国西部地区有10个城市群，分别为成渝城市群、黔中城市群、滇中城市群、南北钦防城市群、关中城市群、兰白西城市群、酒嘉玉城市群、呼包鄂城市群、天山北坡城市群和银川平原城市群，包括11个核心城市和64个节点城市。

城市之间的联合组成城市群，形成经济带。西部地区相对于东部地区和中部地区而言经济较为落后，因此城市群的发展在西部地区更为重要。目前，城市等级界定与划分的方法较为常见的是综合分析法、功能划分法和网络中心划分法三种。综合分析法：顾朝林（1991）用能反映经济发展水平、辐射能力和吸引能力的33个指标对全国434个城市进行了综合实力的R型因子分析评价，把中国的城市分成了三个等级。王洪珂等（2013）基于149个城市20个方面93个指标的聚类分析将城市分成了三大类。功能划分法：周一星等（1997）依据九大行业职工的比例，采用纳尔逊分类法将216个城市分成五类。2001年又根据行业就业人员的指标体系，采用普林斯顿模型计算各指标的中心性，把223个城市分成了5级中心城市。网络中心划分法：钟业喜（2011）根据城市的始发列车数据，采用图标判别法和聚类分析法将中国的186个具有始发列车的城市分成四个等级。

本节研究各个城市的潜力值，并用潜力值来重新确定城市等级。进一步通过城市的潜力值确定城市群的潜力值，划分城市群的等级，以便更好地分配资源，规划区域发展前景。

一 潜力模型

为了计算西部地区城市群发展潜力的大小，采用刘美华（2008）的潜力模型：

$$V_i = \sum q_{ij} F_{ij} \tag{4-1}$$

式中，V_i为城市i的潜力值，F_{ij}为城市间引力值，q_{ij}为权重，即城市i的GDP占两个城市GDP总和的比重。因为城市与城市的规模大小不同，一个城市的GDP对引力的影响也是不同的。用权重进行计算，使潜力值更具代表性，能够减小计算时的误差。权重的公式为：

$$q_{ij} = \frac{GDP_i}{GDP_i + GDP_j} \tag{4-2}$$

$$F_{ij} = k \frac{\sqrt{P_i E_i} \sqrt{P_j E_j}}{D_{ij}^2} \tag{4-3}$$

式中，P_i为i城市的市区内人口，不包括城区以外的区域。E_i为i城市的地区生产总值，即一个城市的GDP。D_{ij}为i城市和j城市之间的距离。由于西部地区多是山地与高原的地形，用直线距离不能直接计算，所以利用两个城市的公路距离代替直线距离。k是指交通方式种类的组合比例，它反映的是城市之间交通往来情况。其中 k 的公式：

$$k = \alpha k_1 + \beta k_2 + \gamma k_3 \qquad (4-4)$$

式中，k_1、k_2、k_3 是西部地区城市群区域内的三种运输方式（铁路、公路与民航）的年客运总量的值，由此代表西部地区两个城市之间的交通往来程度。同时 α、β、γ 分别代表铁路、公路和航空三种运输方式的虚拟系数。如果这两个城市之间有相应的交通往来，虚拟系数取1；如果城市间没有这些运输方式，虚拟系数取0。

二 基于潜力模型的西部地区城市群等级界定与划分

通过《中国城市统计年鉴（2014）》和百度地图，确定引力公式中的数据，其中的人口总数、地区生产总值和客运量都是各城市市区数据。

（一）k 值的确定

k 值的确定主要由每个城市的铁路客运量、公路客运量和民航客运量与客运总量的比值决定。在计算时，如果两个城市间有这三种运输方式，则相应的系数取值为1；如果没有则取值为0。每个城市群中的客运量都是以地级市为单元的，不包括县级市。同时，因为 k 的数值小于1，对乘积的影响较小，所以，在计算西部地区城市群整体的引力值时，不再重新计算 k 的值，以表4-1至表4-10的计算结果为依据。

表4-1　　　　　　呼包鄂城市群的客运统计及 k 值

城市	客运总量（万人）	铁路客运量（万人）	公路客运量（万人）	民航客运量（万人）
呼和浩特	3230	990	1625	615
包头	2046	778	1182	86
鄂尔多斯	2756	48	2537	173
合计	8032	1816	5344	874
	$k = 0.226\alpha + 0.6652\beta + 0.1088$			

资料来源：《中国城市统计年鉴（2014）》。

表4-2　　　　　　　　滇中城市群的客运统计及 k 值

城市	客运总量（万人）	铁路客运量（万人）	公路客运量（万人）	民航客运量（万人）
昆明	17265	4493	9803	2969
曲靖	6892	634	6258	—
玉溪	3746	9	3737	—
楚雄	—	—	—	—
合计	27903	5136	19798	2969

$$k = 0.0138\alpha + 0.9809\beta + 0.0053\gamma$$

资料来源：《中国城市统计年鉴（2014）》。

表4-3　　　　　　　　酒嘉玉城市群的客运统计及 k 值

城市	客运总量（万人）	铁路客运量（万人）	公路客运量（万人）	民航客运量（万人）
酒泉	7687	182	7652	35
嘉峪关	5477	182	5260	35
合计	13164	—	12912	70

$$k = 0.1841\alpha + 0.7095\beta + 0.1064\gamma$$

资料来源：《中国城市统计年鉴（2014）》。

表4-4　　　　　　　　南北钦防城市群的客运统计及 k 值

城市	客运总量（万人）	铁路客运量（万人）	公路客运量（万人）	民航客运量（万人）
南宁	8394	1103	6867	424
北海	2449	9	2356	84
防城港	1040	16	1024	—
钦州	4741	31	4710	—
合计	16624	1159	14957	508

$$k = 0.0697\alpha + 0.8997\beta + 0.0306\gamma$$

资料来源：《中国城市统计年鉴（2014）》。

表4-5　　　　　　　　黔中城市群的客运统计及 k 值

城市	客运总量（万人）	铁路客运量（万人）	公路客运量（万人）	民航客运量（万人）
贵阳	60390	1471	57872	1047
遵义	25858	334	25493	31

续表

城市	客运总量（万人）	铁路客运量（万人）	公路客运量（万人）	民航客运量（万人）
安顺	8253	220	8027	6
合计	94501	2025	91392	1084

$$k = 0.032\alpha + 0.9533\beta + 0.0053\gamma$$

资料来源：《中国城市统计年鉴（2014）》。

表4-6　　　　关中城市群的客运统计及 k 值

城市	客运总量（万人）	铁路客运量（万人）	公路客运量（万人）	民航客运量（万人）
西安	38289	3071	32614	2604
咸阳	14069	—	14069	—
铜川	1750	—	1750	—
宝鸡	10458	—	10458	—
渭南	13403	—	13388	—
合计	77969	3071	72294	2604

$$k = 0.0215\alpha + 0.967\beta + 0.0115\gamma$$

资料来源：《中国城市统计年鉴（2014）》。

表4-7　　　　兰白西城市群的客运统计及 k 值

城市	客运总量（万人）	铁路客运量（万人）	公路客运量（万人）	民航客运量（万人）
兰州	4787	1042	3180	565
白银	7208	28	7180	—
西宁	5402	430	4816	156
定西	4918	114	4804	—
合计	22315	1614	19980	721

$$k = 0.0394\alpha + 0.9272\beta + 0.0334\gamma$$

资料来源：《中国城市统计年鉴（2014）》。

表4-8　　　　银川平原城市群的客运统计及 k 值

城市	客运总量（万人）	铁路客运量（万人）	公路客运量（万人）	民航客运量（万人）
银川	4041	386	3451	204

续表

城市	客运总量（万人）	铁路客运量（万人）	公路客运量（万人）	民航客运量（万人）
吴中	4531	23	4508	—
石嘴山	2687	10	2677	—
中卫	2929	—	2860	—
合计	14127	419	13497	211

$$k = 0.0723\alpha + 0.8955\beta + 0.0323\gamma$$

资料来源：《中国城市统计年鉴（2014）》。

表4–9　　　　　天山北坡城市群的客运统计及 k 值

城市	客运总量（万人）	铁路客运量（万人）	公路客运量（万人）	民航客运量（万人）
乌鲁木齐	5427	1119	3481	827
克拉玛依	707	5	696	6
合计	6134	1124	4177	833

$$k = 0.1832\alpha + 0.681\beta + 0.1358\gamma$$

资料来源：《中国城市统计年鉴（2014）》。

表4–10　　　　　成渝城市群的客运统计及 k 值

城市	客运总量（万人）	铁路客运量（万人）	公路客运量（万人）	民航客运量（万人）
成都	124014	28169	94188	1657
重庆	170158	3251	165445	1462
德阳	12627	173	12454	—
绵阳	10376	515	9769	92
广元	14080	210	13858	12
宜宾	15274	173	15058	43
乐山	8649	76	8573	—
泸州	14191	—	14147	44
南充	12710	—	11997	32
自贡	10427	681	10381	—
达州	11154	46	10162	25
眉山	7029	967	7029	—

续表

城市	客运总量（万人）	铁路客运量（万人）	公路客运量（万人）	民航客运量（万人）
内江	12444	228	12216	—
遂宁	5656	254	5402	—
广安	11516	165	11351	—
雅安	2643	—	2643	—
资阳	7561	49	7512	—
巴中	79875	548	7427	—
合计	458484	35505	419612	3367

$$k = 0.0774\alpha + 0.9152\beta + 0.0074\gamma$$

资料来源：《中国城市统计年鉴（2014）》。

（二）引力值

将《中国城市统计年鉴（2014）》的数据及表4-1至表4-10计算得到的k值，代入式（4-1）和式（4-2）中，得到中国西部地区各个城市群的引力值（见表4-11至表4-21）。

表4-11　　　　　　　呼包鄂城市群的引力值

	呼和浩特	包头
包头	25.97	
鄂尔多斯	8.23	32.10

注：空白处为对称，余同。

表4-12　　　　　　　黔中城市群的引力值

	贵阳	遵义	安顺	都匀
遵义	41.11			
安顺	33.08	6.12		
都匀	2.65	0.86	0.41	
凯里	2.11	0.79	0.36	0.05

表4-13　　　　　　　　　南北钦防城市群的引力值

	南宁	北海	防城港
北海	9.59		
防城港	9.12	0.45	
钦州	45.38	1.46	40.16

表4-14　　　　　　　　　滇中城市群的引力值

	昆明	曲靖	玉溪
曲靖	49.95		
玉溪	64.65	8.82	
楚雄	4.05	0.87	0.83

表4-15　　　　　　　　　银川平原城市群的引力值

	银川	吴忠	石嘴山
吴忠	21.95		
石嘴山	14.12	1.90	
中卫	3.36	2.06	0.64

表4-16　　　　　　　　　关中城市群的引力值

	西安	咸阳	铜川	宝鸡	渭南	韩城	华阴
咸阳	3465.50						
铜川	52.91	18.11					
宝鸡	49.50	33.03	2.15				
渭南	514.60	135.24	7.99	12.48			
韩城	3.41	1.49	0.44	0.45	1.03		
华阴	5.61	1.71	0.19	0.36	10.07	0.11	
兴平	90.52	189.38	1.22	4.62	8.13	0.13	0.14

表 4-17　　　　　　　　兰白西城市群的引力值

	兰州	白银	西宁	定西
白银	33.35			
西宁	7.88	1.78		
定西	15.47	2.55	1.05	
临夏	1.27	0.21	0.22	0.15

表 4-18　　　　　　　　酒嘉玉城市群的引力值

	酒泉	嘉峪关
嘉峪关	36.55	
玉门	0.51	0.21

表 4-19　　　　　　　　天山北坡城市群的引力值

	乌鲁木齐	昌吉	阜康	石河子	五家渠	克拉玛依	乌苏
昌吉	55.80						
阜康	8.26	0.71					
石河子	2.98	0.68	0.11				
五家渠	8.27	1.00	0.28	0.08			
克拉玛依	1.40	0.20	0.06	0.26	0.05		
乌苏	0.56	0.09	0.03	0.36	0.02	0.35	
奎屯	0.50	0.08	0.02	0.39	0.02	0.33	3.53

表 4-20　　　　　　　　成渝城市群引力值（1）

	南充	自贡	达州	眉山	内江	遂宁	广安	雅安	资阳
自贡	8.83								
达州	36.80	2.44							
眉山	5.74	2.53	2.30						
内江	14.50	250.00	2.10	3.76					
遂宁	116.00	9.71	9.38	4.94	2.60				
广安	8.45	3.36	46.10	2.39	5.14	3.65			

续表

	南充	自贡	达州	眉山	内江	遂宁	广安	雅安	资阳
雅安	1.90	2.44	0.62	10.10	2.31	1.43	0.84		
资阳	15.50	22.60	2.74	8.76	52.30	5.28	5.66	4.86	
巴中	0.60	1.32	0.54	1.27	1.89	0.17	3.66	0.45	2.07

表4–21　　　　　成渝城市群引力值（2）

	成都	重庆	德阳	绵阳	广元	宜宾	乐山	泸州
重庆	217.50							
德阳	640.20	36.83						
绵阳	222.00	58.27	221.60					
广元	16.02	17.64	5.95	8.60				
宜宾	33.86	68.05	5.32	5.07	1.28			
乐山	111.40	34.68	11.74	8.74	1.31	19.65		
泸州	32.42	153.20	4.95	4.68	1.21	69.58	8.22	
南充	71.46	204.30	9.55	21.54	9.40	8.12	5.04	7.96
自贡	46.26	73.09	4.09	5.16	1.13	77.49	21.49	20.09
达州	21.71	118.20	3.54	4.84	5.01	3.03	2.21	4.28
眉山	209.40	26.08	17.03	11.22	1.15	9.15	169.10	6.56
内江	64.96	133.10	6.24	6.74	1.59	40.83	15.82	48.40
遂宁	77.72	125.40	8.76	6.68	2.85	6.74	4.58	6.84
广安	23.19	192.90	4.46	6.56	2.89	3.38	2.26	4.53
雅安	41.50	8.07	3.80	3.16	0.53	3.17	11.45	1.71
资阳	254.80	61.91	16.10	11.58	2.17	13.55	19.79	15.87
巴中	11.29	19.84	2.78	8.18	7.74	1.49	1.09	1.24

（三）潜力值

1. 西部地区城市的潜力值

通过计算得到中国西部地区每个城市的引力值 F，将引力值 F 代入式（4–1）中，并利用《中国城市统计年鉴（2014）》中的各个城市的地区生产总值计算出的权重 q，得到中国西部地区城市的潜力值 V（见表 4-22）。

表 4-22　　　　　　　中国西部地区城市潜力值

城市	潜力值	城市	潜力值	城市	潜力值	城市	潜力值	城市	潜力值
西安	3096.00	白银	9.31	乌苏	2.15	凯里	0.33	南充	187.00
咸阳	1244.00	西宁	5.05	奎屯	1.90	南宁	51.00	自贡	215.00
铜川	9.60	定西	3.16	呼和浩特	14.70	北海	2.97	达州	83.00
宝鸡	40.20	临夏	0.08	包头	29.70	防城港	18.10	眉山	132.00
渭南	198.00	酒泉	27.50	鄂尔多斯	21.90	钦州	34.00	内江	245.00
韩城	1.00	嘉峪关	9.70	昆明	86.80	成都	1753.00	遂宁	84.00
华阴	0.92	玉门	0.17	曲靖	21.80	重庆	1353.00	广安	57.00
兴平	21.40	乌鲁木齐	70	玉溪	20.10	德阳	259.00	雅安	16.00
银川	30.50	昌吉	8.39	楚雄	0.54	绵阳	218.00	资阳	132.00
吴忠	6.68	阜康	0.93	贵阳	55.30	广元	19.00	巴中	12.00
石嘴山	5.08	石河子	1.31	遵义	24.10	宜宾	161.00	—	—
中卫	1.79	五家渠	0.58	安顺	7.53	乐山	181.00	—	—
兰州	46.30	克拉玛依	1.43	都匀	0.33	泸州	120.00	—	—

2. 西部地区各城市群的潜力值

以表 4-22 计算所得的西部地区各城市的潜力值为基础，将城市群中各个城市的潜力值加总，得到各城市群潜力值的总和，再取平均值，进一步计算各城市群的潜力值。西部地区各城市群的潜力值计算结果如表 4-23 所示。

表 4-23　　　　　　　西部地区各城市群的潜力值

城市群	潜力值的总和	潜力值平均值
关中城市群	4611.12	576.39
银川平原城市群	44.05	11.01
兰白西城市群	63.90	12.78

续表

城市群	潜力值的总和	潜力值平均值
酒嘉玉城市群	37.37	12.46
天山北坡城市群	86.69	10.84
呼包鄂城市群	66.30	22.10
滇中城市群	129.24	32.31
黔中城市群	87.59	17.52
南北钦防城市群	106.07	26.52
成渝城市群	5012.00	278.44

（四）聚类结果

将计算得到的西部地区各城市群中各个城市的潜力值导入 SPSS 软件中，进行聚类分析，得到聚类系谱图，如图 4-1 和图 4-2 所示。

（五）西部地区城市等级界定与划分

1. 西部地区城市的等级界定与划分

从图 4-1 中可以看出，西部地区的城市可分成三个等级，每一个等级都代表着它在城市群中的地位和意义。

第一类是西部地区潜力值最大的城市，只有西安。第二类是西部地区的次核心城市，潜力值较大，起到联通与传递的作用，包括咸阳、成都和重庆三个城市。其中，咸阳距离西安较近，受到西安的辐射作用较大。第三类是中等城市，潜力值一般，没有较大的规模与人口，但是交通便利，资源丰富。其中，银川、兰州、乌鲁木齐三个省会城市，均未进入第二类。

西部地区地域广阔，面积较大，城市之间的距离较远。例如，西安潜力值最大，但其与昆明、贵阳、南宁等城市距离较远，辐射效应较小。考虑到西部地区地理特征，本书将西部地区划分为西南和西北两个板块，进一步分析两大板块的城市等级特征，聚类结果见图 4-2 和图 4-3。

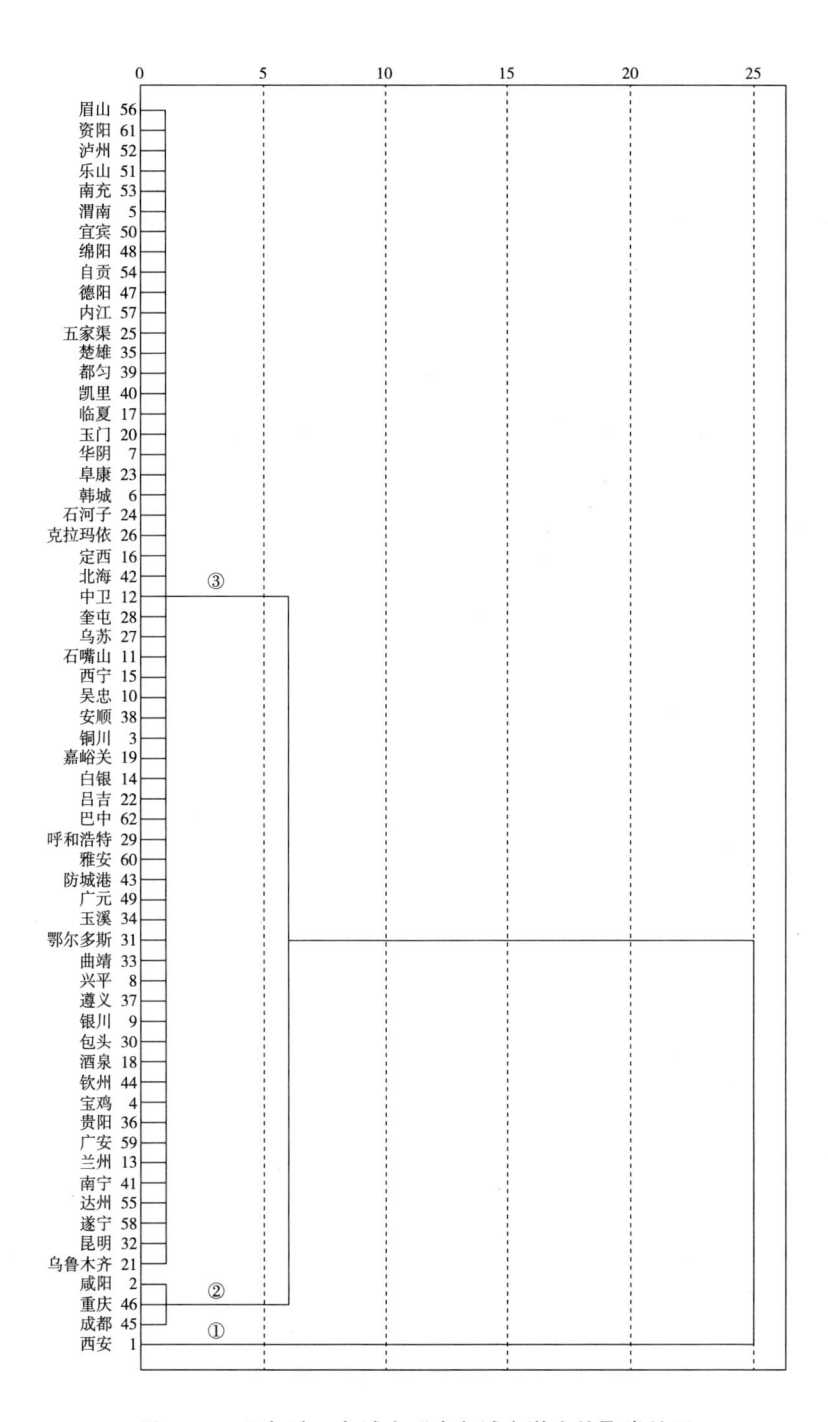

第四章　西部地区城市等级划分及结构特征 | 57

图 4-1　西部地区各城市群内各城市潜力值聚类结果

（1）西北地区城市等级界定与划分。如图4-2所示，西北地区的城市可划分成三个等级。第一类，潜力值最大，是该区域内的核心城市。西安可以凭借其潜力优势带动西北地区其他城市发展，促进整个西北地区的经济发展与技术创新。第二类是该区域的次核心城市，只有咸阳；次核心城市虽然不是整个区域的核心，但可以是小区域的核心城市。第三类是中等城市，城市潜力值相对于第一和第二等级的城市而言较小，发展潜力一般，包括渭南、乌鲁木齐等城市。

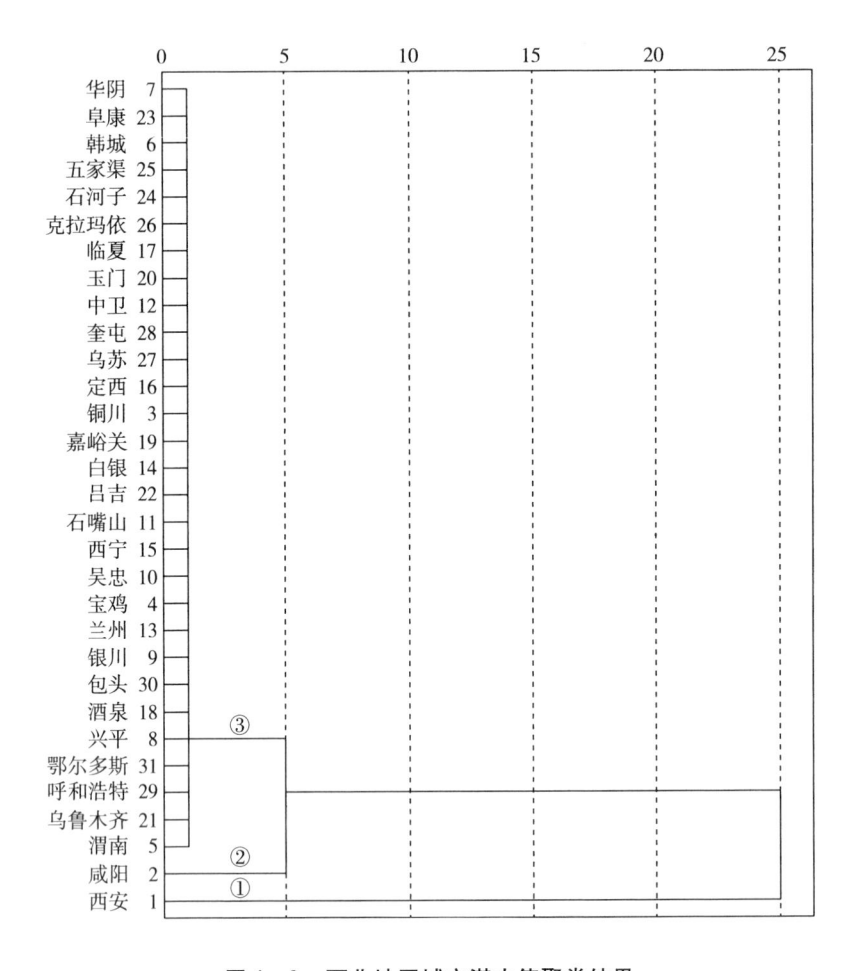

图4-2 西北地区城市潜力值聚类结果

（2）西南地区城市等级界定与划分。如图4-3所示，可将西南地区城市划分成两类。第一类，包括成都和重庆两个城市。第二类，包括德阳、绵阳等29个城市。第一等级城市的数量只有两个，昆明、贵阳、南宁等城市属于第二类。

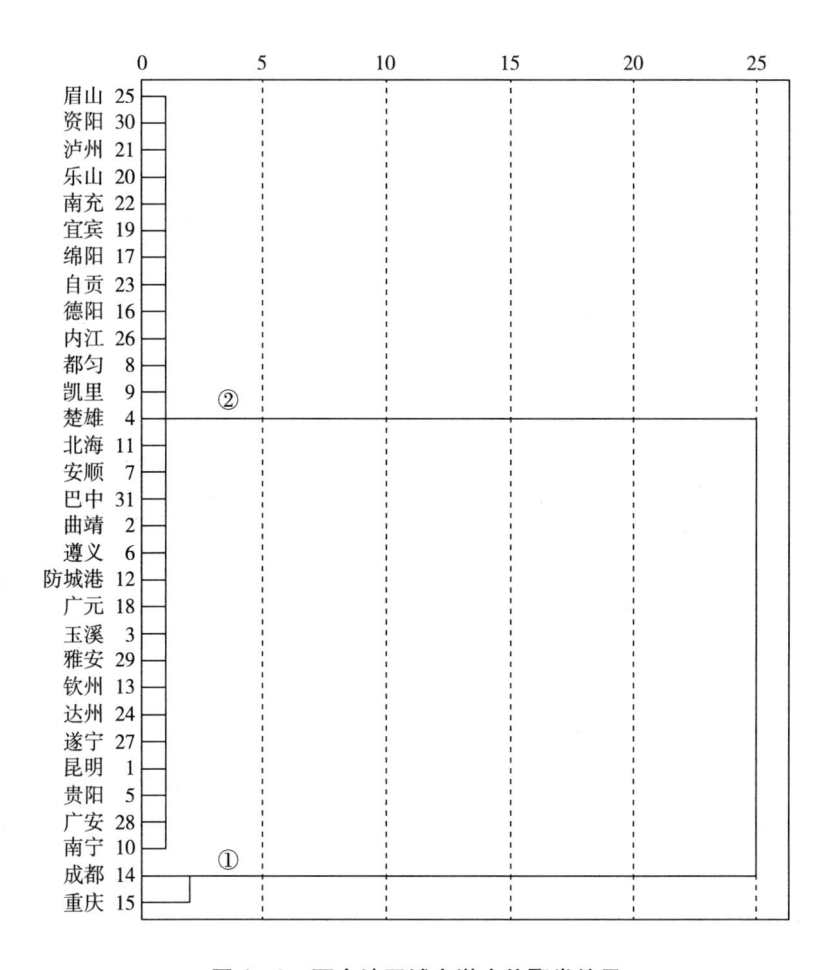

城市	编号
眉山	25
资阳	30
泸州	21
乐山	20
南充	22
宜宾	19
绵阳	17
自贡	23
德阳	16
内江	26
都匀	8
凯里	9
楚雄	4
北海	11
安顺	7
巴中	31
曲靖	2
遵义	6
防城港	12
广元	18
玉溪	3
雅安	29
钦州	13
达州	24
遂宁	27
昆明	1
贵阳	5
广安	28
南宁	10
成都	14
重庆	15

图4-3 西南地区城市潜力值聚类结果

2. 西部地区城市群等级界定与划分

利用平均潜力值将西部地区的城市群分成三类（如图4-4所示）。第一类是西部地区的核心城市群：关中城市群。它的潜力值是这10个城市群中最大的，西安和咸阳的城市潜力值较大，对周边区域有较

```
                        0      5      10     15     20     25
银川平原城市群  2
天山北坡城市群  5
  兰白西城市群  3
  酒嘉玉城市群  4
    黔中城市群  8        ③
  呼包鄂城市群  6
  南北钦防城市群 9
    滇中城市群  7
    成渝城市群 10        ②
    关中城市群  1        ①
```

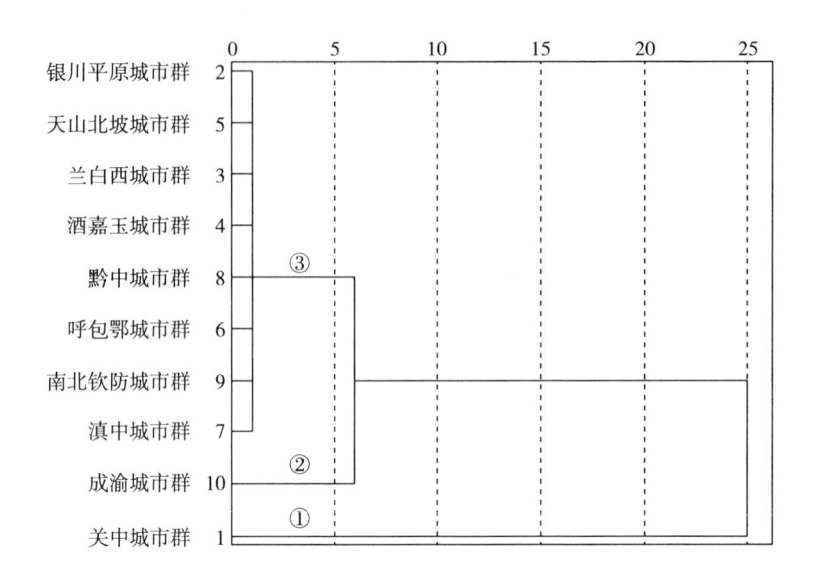

图 4-4　西部地区各城市群潜力值聚类结果

强的集聚效应和辐射效应。第二类是次核心城市群：成渝城市群。虽然成渝城市群的潜力值总和在10个城市群中最大，但它的城市数量多，潜力值的平均值低于关中城市群。第三类是中等城市群，有3个，分别是滇中城市群、呼包鄂城市群和南北钦防城市群。

三　西部地区城市群等级差异的原因分析

潜力值是由引力值计算得到的。影响引力值的因素主要有3个，即地区生产总值、人口和两个城市之间的距离。因此，这三个因素也是影响城市和城市群潜力值差异的主要原因。而各城市群中城市的数量是西部地区城市群等级差异的主要原因。

（一）经济原因

潜力值受各城市的产值影响。西北板块中，2013年西安的地区生产总值为4884.1亿元，呼和浩特为2710.39亿元，乌鲁木齐为2202.85亿元，兰州为1776.28亿元，而银川为1289.00亿元，各中心城市的地区生产总值存在较大的差距。西南板块中，从行政划分来看，有五个中心城市，分别是成都、重庆、昆明、贵阳和南宁。就各城市的生产总值来看，2013年昆明的GDP为3415.30亿元，贵阳的

GDP 为 2058.40 亿元，南宁的 GDP 为 2803.50 亿元，而成都和重庆的 GDP 分别为 9108.90 亿元、12656.70 亿元。成都的地区生产总值（市区内，不包括市辖区）是昆明的 2.67 倍，贵阳的 4.43 倍，南宁的 3.25 倍。地区生产总值的差距造成了昆明、贵阳和南宁三个省会城市的潜力值低于成都和重庆。由此可知，在不考虑其他因素影响时，引力值影响潜力值，潜力值决定城市等级差异。

（二）人口原因

在计算引力值的时候，人口对引力值的影响是正向的，即在其他条件不变的情况下，一个城市的人口减少，引力值也会减小。成都与重庆都是拥有千万人口的特大城市，而昆明、贵阳和南宁都是百万人口的大城市，南宁的人口为 724.4 万人，昆明的人口为 546.8 万人，贵阳只有 379.1 万人。因此，人口相对较少是昆明、贵阳和南宁的城市潜力值相对较低的另一个原因。而西北板块各个城市的人口与西南板块相比，均较少，没有超过千万人的城市。由于西北地区各城市的人口少，所以其引力值也小，潜力值较低。

（三）距离差异

城市间的距离对潜力值产生影响。从引力值计算公式中可以看出，城市间距离越远，引力值越小，进而潜力值越小。各城市的距离差异在西北板块更加明显，以天山北坡城市群为例，乌鲁木齐到克拉玛依的距离为 313 千米，到乌苏、奎屯的距离也有 200 多千米。城市间较大的距离使西北地区的大部分城市的潜力值较小，进而影响各城市的等级。

（四）城市数量

城市群内的城市数量影响城市群等级划分。例如，经计算，成渝城市群的潜力值总和最高，但取平均值后，它的潜力值低于关中城市群。原因是取平均值反映了各个城市群的综合情况，成渝城市群有 18 个城市，取平均值后其潜力值降低。

四　西部地区城市群协调发展的对策建议

根据上文分析，地区生产总值、人口和距离是影响西部地区城市和城市群潜力的主要因素。因此，西南地区可以利用自身丰富的旅游资源，发展第三产业和高科技产业。西北地区可以结合当前"新丝路"建设的发展机遇，加大基础设施建设，发展地区经济，提高地区经济总量。

（一）创新推进西部地区经济增长极建设

根据增长极发展理论，增长极是带动区域经济增长的核心地区。一方面，西部地区应加大城市化建设，建立小区域中心城市，升级各城市经济发展方式，有效提高各增长极的潜力值。另一方面，西部地区应多创造增长极，各城市群由一个增长极单一领导转变为多个增长极联合推进。创新是一个地区经济发展的不竭动力，西部地区的政府应为企业与个人提供更多的创新政策支持与资金保障，确保城市经济运行平稳。同时，促进校企联合，让高校的创新能有机会进入实际生产中，为城市经济发展创造更多的价值。

（二）扩大人口规模

城市引力值计算公式中，人口数量的影响是正向的，进而对潜力值的影响也是正向的。所以，西部地区应加大城市化发展，在积极引进高级人才的同时，加快人口流动，开放城市人口落户政策，扩大城市人口规模，提高城市的潜力值。

（三）缩小西北地区城市间的距离

西北地区城市之间的距离较大。地理距离无法改变，但可以改变其他的距离。第一，通过在两个距离较大的城市之间撤县立市，增加西部地区城市的数量，缩小城市间距离。第二，缩小城市间的时间距离。我们无法改变城市间的物理距离，但是可以加大基础设施建设，完善道路交通系统，建设快捷的出行方式。节约时间就是在缩小距离。

（四）降低西南地区城市群规模

成渝城市群已经发展得较为成熟，可以将其划分为两个规模较小的城市群。减小成渝城市群中城市的数量，提高其城市群的等级。重新划分西南地区的城市群，扩大次级区域中心城市的集聚效应和扩散效应，有利于西南板块的经济协调发展。

五 结论

本节首先计算西部地区各个城市的潜力值,并在此基础上,将西部地区的城市划分为三个等级。西安位于第一等级;咸阳、成都、重庆位于第二等级;渭南、德阳等城市位于第三等级。这些城市将整个西部地区连接起来,让西部地区更具活力。

进一步计算城市群潜力值,可将西部地区城市群划分为三个等级。关中城市群位于第一等级;成渝城市群位于第二等级;滇中城市群、呼包鄂城市群和南北钦防城市群,银川平原城市群、兰白西城市群、酒嘉玉城市群、天山北坡城市群和黔中城市群位于第三等级。

总之,中国西部的西南和西北两个板块,地理资源和经济发展均存在较大差异。三个等级中,第一和第二等级的城市群发展较为完善,需要稳定增长,起到核心的带动与辐射作用。第三等级的城市群需要提高其潜力值,努力缩小差距。具体而言,第一,提高各城市的地区生产总值;第二,扩大各城市的人口规模;第三,缩短城市间的时间距离。这三个等级虽然有差异,但是每个城市群都是西部地区发展前行的重要板块,缺一不可。因此,应该提高各个城市群的潜力值,缩小等级差异,促进西部地区协调发展。

第二节 西部地区城市体系的结构特征

20世纪80年代以来,城市体系的研究才从发达国家扩展到发展中国家。城市体系是一个涉及城市群内部的组织及组织成员关系的社会化概念,是衡量地区经济发展程度以及社会进步水平的重要指标,更是区域经济研究的重要问题之一。城市体系是在一定区域内,以中心城市为核心,不同性质、规模、类型的城市相互联系、相互作用的城市群体组织,是城市群内部组织及空间关系的一种表现形式。为此,加强新常态下城市体系研究是实现区域协同发展战略、适应新型城镇化和经济协调发展的需求。本节定量分析西部地区城市体系规模等级结构和职能结构的特征,探讨存在的主要问题,力图为政府决策部门制定合理的城市和区域发展规划提供可行的建议。

一 西部地区城市体系规模等级结构特征

2014年10月29日,国务院印发了《关于调整城市规模划分标准的通知》(以下简称《通知》),在原有的基础上,为城市的划分提出了新标准。①超大城市:城市人口1000万以上;②特大城市:城市人口500万—1000万;③大城市:城市人口100万—500万,其中300万以上500万以下的城市为Ⅰ型大城市,100万以上300万以下的城市为Ⅱ型大城市;④中等城市:城市人口50万—100万;⑤小城市:城市人口50万以下,其中20万以上50万以下的城市为Ⅰ型小城市,20万以下的城市为Ⅱ型小城市。经过统计分析,西部地区城市规模等级如表4-24所示。

表4-24　　　　　　西部地区城市规模等级分布

城市规模等级		城市数量	所占城市百分比(%)
超大城市		1	1.14
特大城市		2	2.27
大城市	Ⅰ型大城市	0	0.00
	Ⅱ型大城市	32	36.36
中等城市	—	27	30.68
小城市	Ⅰ型小城市	25	28.41
	Ⅱ型小城市	1	1.14

西部地区超大城市只有重庆市1个,特大城市有成都市和西安市2个,没有Ⅰ型大城市,大多数城市规模都集中在Ⅱ型大城市、中等城市、Ⅰ型小城市,占西部地区城市的94.45%。

(一)城市首位指数

首位指数是衡量城市规模分布状况的一种常用指标,为一地区的最大城市人口(P_1)与第二大城市人口(P_2)的比值,在一定程度上代表了城市体系中城市人口在最大城市集中的程度,其公式为 $S=$

P_1/P_2。

为了改进2城市首位指数，后来有相关学者提出4城市首位指数和11城市首位指数，公式为 $S_4 = P_1/(P_2 + P_3 + P_4)$ 和 $S_{11} = 2P_1/(P_2 + P_3 + P_4 + \cdots + P_{11})$。式中，$P_1$ 为首位城市人口规模，P_2—P_{11} 为第2位到第11位城市人口规模。

按照位序—规模原理，2城市首位指数应该是2；4城市首位指数和11城市首位指数应该是1。依据位序—规模标准，对照表4-25中西部地区城市首位指数值，2城市首位指数值为3.0779 > 2，4城市首位指数值为1.2539 > 1，11城市首位指数值为0.5999 < 1。由此可知，西部地区城市体系分布不合理、不协调。重庆、成都、西安这样的超大城市、特大城市并没有充分发挥中心极的作用，经济辐射影响力比较低，大多数城市的发展还具有极大的发展空间。

表4-25　　　　　　2013年西部地区城市首位指数

指数	2城市首位指数	4城市首位指数	11城市首位指数
指数值	3.0779	1.2539	0.5999

（二）城市规模基尼系数分析

城市规模基尼系数（G）用以表明城市体系中城市规模的集中或分散程度，能够比较准确地比较区域内所有城市规模的差异，取值范围通常为0—1，越接近于0表示城市规模分布差异越小，越接近于1表示城市规模分布差异越大，一般认为，G 在0.6以上表示城市规模极不平衡。

$$G = T/[2S(n-1)] \quad (4-5)$$

式中，n 为城市个数；S 为城市体系总人口；T 是城市体系中每个城市之间人口规模之差的绝对值总和。将西部地区各城市的数据代入式（4-5），计算得到城市规模基尼系数 G。计算结果接近于0，说明西部地区城市规模分布差异很小，与前面分析的结论相符。

二　西部地区城市体系职能结构特征

城市职能是城市在国家或区域中所起到的作用及所承担的分工。

充分认识各个城市的主要职能及其在城市体系中的作用，有助于了解城市的现有发展状况和存在的问题，并寻找最佳途径，推进城市体系职能结构的合理化。城市作为工业化与城镇化发展高级阶段的产物，决定着区域经济社会发展水平，本节以从业人数为数据基础，运用区位熵分析方法，探究西部地区城市职能现状及结构性演化特征。

（一）区位熵分析

区位熵法由经济学家马蒂拉和汤普森首先提出。区位熵在衡量某一区域要素的空间分布情况，反映某一城市产业部门的专业化程度，以及该城市在该区域的地位和作用等方面，是一个很有意义的指标。区位熵计算公式为：

$$L_i = \frac{(e_i/e_j)}{(E_i/E_j)}, \quad i = 1, 2, 3, \cdots, n \tag{4-6}$$

式中，e_i 为城市 i 部门职工人数；e_j 为城市中总职工数；E_i 为全国 i 部门职工数；E_j 为全国总职工数；L_i 为区位熵。

为适应城市职能分类的需要，对城市的行业进行了简单的剔除和归并处理：首先，农林牧渔业不能反映以非农为主的城市职能，将其剔除；其次，保留了制造业、建筑业和交通邮政业；最后，根据行业的相似性，对15个行业进行了合并，将采掘业和电力、燃气及水生产供应业归并为能源生产与采掘业；将批发零售业和住宿餐饮业归并为商业；将金融业和房地产业归并为金融房地产业；将信息传输、计算机服务业和软件业，租赁与商业服务业，居民服务业和其他服务业归并为服务业；将科技服务业和地质勘查，教育，卫生、社会服务与保障，文化体育娱乐业归并为科教文卫业；将水利环境和公共设施管理业、公共管理与社会组织归并为社会管理业。这样就将城市的经济活动中所有行业归并为9个行业。

根据式（4-6），计算得到西部地区88个主要城市9个行业的区位熵值，如表4-26所示。

根据表4-26中区位熵值可以把西部地区88个城市分为三个类型：

表4-26　　西部地区88个主要城市9个行业的区位熵值

城市	能源生产与采掘业	制造业	建筑业	交通邮政业	商业	服务业	金融房地产业	科教文卫业	社会管理业
呼和浩特市	0.94	0.22	0.76	1.88	1.19	1.73	1.65	1.55	1.52
包头市	0.63	1.40	0.85	0.58	1.03	1.49	1.23	0.72	0.79
乌海市	5.31	0.38	1.20	0.49	0.30	0.44	1.13	0.77	1.25
赤峰市	2.94	0.59	0.53	1.26	0.91	1.32	1.08	1.24	1.33
通辽市	1.06	0.75	1.06	0.73	0.63	0.92	1.42	1.25	1.22
鄂尔多斯市	1.50	0.55	0.18	0.64	0.57	0.83	1.00	1.25	3.32
呼伦贝尔市	3.98	0.30	0.44	0.85	1.46	2.12	1.20	1.12	0.99
巴彦淖尔市	0.95	0.16	1.17	1.17	0.97	1.41	1.92	1.32	2.09
乌兰察布市	1.30	0.25	0.28	2.14	1.95	2.83	1.45	1.38	1.95
南宁市	0.12	0.50	1.60	1.14	1.33	1.93	1.35	1.18	0.94
柳州市	0.26	0.98	1.91	0.80	0.61	0.89	1.03	0.79	0.64
桂林市	0.30	0.69	1.29	0.65	1.44	2.10	1.31	1.12	1.08
梧州市	0.59	1.19	0.37	1.04	0.61	0.88	1.39	1.25	1.37
北海市	0.53	1.07	0.57	0.87	0.77	1.12	1.54	1.22	1.38
防城港市	0.73	0.57	1.15	2.49	0.39	0.57	0.86	1.26	1.54
钦州市	0.49	0.49	1.79	1.19	0.74	1.07	0.39	1.42	1.29
贵港市	0.45	0.57	0.81	0.93	0.42	0.62	1.09	1.93	1.61
玉林市	0.51	0.66	0.58	1.11	0.87	1.26	1.35	1.68	1.22
百色市	1.95	0.49	0.60	2.18	1.03	1.51	0.98	1.35	1.50
贺州市	0.84	0.71	0.12	0.58	0.52	0.75	1.00	1.96	2.26
河池市	0.55	0.87	0.30	1.39	0.99	1.43	1.07	1.24	1.53
来宾市	0.89	0.76	0.87	0.63	0.49	0.71	1.09	1.55	1.33
崇左市	2.20	0.55	0.18	1.11	0.59	0.85	1.64	1.23	1.74
重庆市	0.64	0.72	1.26	0.92	2.91	4.23	0.86	0.51	0.36
成都市	0.19	0.65	0.96	0.91	4.09	5.95	0.73	0.57	0.28
自贡市	0.79	0.86	1.27	1.17	0.85	1.23	1.39	1.12	0.90
攀枝花市	1.74	1.17	1.83	0.61	0.41	0.60	0.70	0.51	0.64
泸州市	0.17	0.70	2.30	0.97	0.84	1.23	0.94	0.83	0.87

续表

城市	能源生产与采掘业	制造业	建筑业	交通邮政业	商业	服务业	金融房地产业	科教文卫业	社会管理业
德阳市	0.48	1.30	1.17	0.60	0.54	0.78	1.61	0.67	0.90
绵阳市	0.43	1.10	0.74	0.61	0.96	1.40	1.07	1.60	0.75
广元市	1.72	0.43	0.73	0.58	0.57	0.82	1.20	1.25	2.45
遂宁市	0.44	0.98	1.06	0.46	0.81	1.17	1.35	1.08	1.45
内江市	0.34	0.96	1.13	0.52	0.30	0.44	1.35	1.21	1.43
乐山市	1.70	0.98	0.85	0.77	0.86	1.25	0.98	1.02	1.20
南充市	0.61	0.93	1.00	0.93	0.82	1.19	1.32	1.14	1.22
眉山市	0.09	0.67	0.95	1.02	1.00	1.45	0.72	1.46	1.99
宜宾市	0.33	1.59	0.47	0.99	0.47	0.69	1.24	0.92	1.06
广安市	1.72	0.29	0.47	0.75	0.59	0.86	1.77	1.70	2.27
达州市	3.09	0.37	1.28	1.00	0.85	1.24	1.34	0.96	1.23
雅安市	0.54	0.54	0.33	0.82	0.96	1.40	1.49	1.72	2.25
巴中市	0.46	0.41	2.40	1.05	0.62	0.90	1.01	0.97	1.24
资阳市	0.16	1.58	0.95	0.59	0.25	0.37	1.55	0.72	0.77
贵阳市	1.57	0.52	1.80	0.94	1.45	2.11	1.39	0.69	0.74
六盘水市	4.72	0.68	0.51	0.62	0.96	1.40	0.95	0.74	1.36
遵义市	0.16	0.73	0.87	1.16	1.51	2.20	1.30	1.15	1.53
安顺市	1.48	0.82	0.57	0.80	1.05	1.53	1.51	1.15	1.49
毕节市	0.55	0.37	0.20	0.78	1.60	2.33	1.28	1.92	1.91
铜仁市	0.69	0.23	0.48	0.88	1.20	1.74	2.21	1.52	2.72
昆明市	0.46	0.32	1.59	2.19	1.86	2.70	0.80	1.13	0.68
曲靖市	2.01	0.65	1.65	0.68	1.38	2.01	0.91	0.66	0.65
玉溪市	0.26	0.94	1.43	0.47	2.16	3.14	1.56	0.73	0.68
保山市	0.81	0.33	2.17	0.55	1.45	2.11	1.00	1.08	1.12
昭通市	0.99	0.31	0.63	1.09	1.68	2.45	0.95	1.76	1.79
丽江市	0.61	0.17	0.65	1.18	3.77	5.48	1.22	0.88	2.03
普洱市	0.68	0.72	1.01	1.05	0.87	1.27	0.94	1.12	1.48
临沧市	0.39	0.35	1.52	1.32	1.53	2.22	0.93	1.01	1.83

续表

城市	能源生产与采掘业	制造业	建筑业	交通邮政业	商业	服务业	金融房地产业	科教文卫业	社会管理业
拉萨市	0.98	0.16	0.55	1.28	5.63	8.19	0.69	0.60	1.12
西安市	0.20	0.73	1.12	1.40	1.16	1.69	1.25	1.17	0.60
铜川市	5.04	0.52	0.47	0.52	1.01	1.47	0.84	0.87	1.66
宝鸡市	0.68	1.43	0.65	1.50	0.92	1.34	0.64	0.89	0.89
咸阳市	0.43	1.32	0.93	0.59	1.11	1.61	1.44	0.81	0.80
渭南市	0.08	0.54	0.89	0.82	1.65	2.39	2.66	1.20	1.08
延安市	7.05	0.41	0.62	0.95	1.20	1.74	0.45	0.61	0.90
汉中市	0.13	0.54	1.26	1.50	1.35	1.97	2.19	1.14	1.11
榆林市	1.98	0.34	0.52	1.04	2.04	2.97	1.19	1.32	1.58
安康市	0.20	0.24	1.13	0.64	1.70	2.48	1.89	1.56	1.77
商洛市	0.25	0.52	0.86	1.30	0.97	1.42	1.67	1.60	1.54
兰州市	0.86	0.58	1.51	0.81	1.04	1.52	1.25	1.24	1.00
嘉峪关市	0.76	2.04	0.46	0.48	0.57	0.83	0.48	0.44	0.92
金昌市	0.11	1.57	2.09	0.52	0.34	0.49	0.42	0.30	0.50
白银市	3.94	0.89	0.77	0.33	0.31	0.45	1.01	0.64	1.61
天水市	0.38	0.72	0.88	0.57	1.12	1.63	0.58	1.51	2.08
武威市	0.65	0.46	1.64	0.51	0.41	0.60	1.17	1.46	1.48
张掖市	1.02	0.37	1.21	0.97	0.78	1.13	1.54	1.66	1.37
平凉市	1.01	0.18	0.65	1.19	0.68	0.99	1.31	1.80	2.59
酒泉市	0.43	0.43	0.62	0.97	1.26	1.84	1.88	1.37	1.81
庆阳市	6.64	0.10	0.91	0.47	1.10	1.60	0.59	0.89	1.33
定西市	0.38	0.17	1.93	1.19	0.60	0.88	1.15	1.25	1.97
陇南市	1.07	0.03	0.03	3.36	0.36	0.52	1.89	1.81	3.06
西宁市	0.71	0.50	1.23	2.34	1.11	1.61	1.23	1.35	0.87
海东市	0.26	0.64	0.18	0.32	0.34	0.49	1.18	2.30	2.59
银川市	3.17	0.41	0.71	0.83	1.01	1.47	1.77	1.08	1.22
石嘴山市	1.15	1.25	0.32	0.64	1.44	2.10	0.80	0.86	1.45
吴忠市	0.65	0.60	0.54	0.97	0.95	1.38	0.95	1.11	2.74

续表

城市	能源生产与采掘业	制造业	建筑业	交通邮政业	商业	服务业	金融房地产业	科教文卫业	社会管理业
固原市	0.31	0.05	0.14	0.85	0.86	1.26	0.79	2.58	2.57
中卫市	0.53	1.01	0.56	1.30	0.60	0.87	1.08	1.43	1.56
乌鲁木齐市	1.05	0.42	1.01	3.36	0.96	1.40	1.19	1.09	1.30
克拉玛依市	7.53	0.60	0.63	0.34	0.31	0.46	0.80	0.43	0.73

第一类，专业型城市。这类城市职能单一，主要集中在一个或两个行业，单个行业部门的区位熵特别高，在2.0以上。例如克拉依玛市、延安市、乌海市和庆阳市，这些城市的能源生产与采掘业的区位熵值很高，而其他行业的区位熵值却较低；又如拉萨市，城市发展主要集中在商业和服务业两个行业，两个行业区位熵值分别高达5.63和8.19。

第二类，综合型城市。这类城市的区位熵值大于1.0小于2.0，如银川市。

第三类，一般型城市。

88个城市分类见表4-27。

(二) 西部地区城市体系职能结构特征分析

从表4-27可以看出，西部地区城市体系职能特征主要表现在以下几个方面。

1. 城市职能趋同

金融房地产业和科教文卫业的专业型城市为0个，专业型城市占比达22.73%，综合型城市占比达52.27%，表明大多数城市在这些行业都具有基本的经济活动，城市结构偏重于小而全，导致资源、原材料和消费市场的相互牵制，这样会影响城市整体投资效果和经济效益的提高。

2. 城市核心优势突出

克拉玛依市、延安市、庆阳市的能源生产与采掘业的区位熵值达

第四章 西部地区城市等级划分及结构特征 | 71

表4-27 西部地区城市分类

城市类型	能源生产与采掘业	制造业	建筑业	交通邮政业	商业	服务业	金融房地产业	科教文卫业	社会管理业	城市个数	占比（%）
专业型城市	克拉依玛市、延安市、庆阳市、白银市、乌海市、铜川市、六盘水市、呼伦贝尔市	嘉峪关市	巴中市、泸州市、金昌市	陇南市、防城港市	拉萨市、成都市、丽江市、重庆市、玉溪市	拉萨市、成都市、丽江市、重庆市、玉溪市			陇南市、鄂尔多斯市	20	22.73
综合型城市	银川市、达州市、赤峰市、榆林市、昆明市、安康市、昭通市、张掖市、商洛市、绵阳市、中卫市、河池市、石嘴山市、自贡市、桂林市、临沧市、遂宁市、曲靖市	保山市、定西市、贵阳市、铜仁市、渭南市、汉中市、梧州市、河池市、崇左市、钦州市			百色市、乌鲁木齐市、西宁市、昆明市、乌兰察布市、呼和浩特市、通辽市、巴彦淖尔市、酒泉市、平凉市、北海市、西安市、普洱市、安顺市、遵义市、南充市					46	52.27
一般型城市	柳州市、攀枝花市、固原市、海东市、咸阳市、包头市、宝鸡市、乐山市、忠市		贺州市、贵港市、雅安市、广安市、来宾市、眉山市、资阳市、德阳市、宜宾市、天水市						武威市、广元市、内江市、吴忠市	22	25.00

到 7.53、7.05、6.64，由此可以看出，能源生产与采掘业对这些城市的经济发展起着十分重要的作用；还有拉萨市的核心行业是商业和服务业，其商业区位熵值为 5.63，服务业区位熵值为 8.19。

3. 城市职能有待优化

制造业区位熵值大于或等于 1 的城市有 14 个，建筑业区位熵值大于或等于 1 的城市有 35 个，社会管理业和科教文卫业所占的比例大，说明了西部地区城市职能结构还处于较低层次，城市的基本经济活动发展水平较低，发展动力不足。

(三) 西部地区城市体系职能结构存在的问题

西部地区疆域广阔，共 12 个省份，人口密度小于中东部地区。从人口规模来看，西部地区的第一大城市是重庆市，第二大城市是西安市，第三大城市是成都市，这样的超大城市和特大城市周围没有 I 型大城市，大城市并没有充分带动周围其他城市的发展，对周围地区的经济辐射能力不强。合理的城市化水平和完善的城市规模结构将更好地扮演区域增长极角色，促进区域经济的快速健康发展。但是，西部地区的城市总体规模较小，城市体系总体发展水平低，这必然形成"小牛拉大车"的艰难局面。

城市职能结构是城市发挥作用的重要方面，合理的职能结构能有效利用各地资源，形成城市合力，提升区域的竞争力。通过对西部地区城市职能结构的分析，可以看出，一些城市的核心职能比较突出，如能源生产与采掘业，但是将近一半的城市没有突出的行业，区位熵值小于 1 的行业多，这是区域性特征的结构性矛盾。除此之外，西部地区城市金融、房地产高端服务业十分欠缺，大多数城市还是以行政管理、传统的服务业为主，经济职能弱。

西部地区的大城市发展应该注重发展信息服务、金融保险、房地产和教育文化等第三产业和高新技术产业，要加强自身经济发展中心极的作用；中型城市应该大力发展制造业，根据自身特色，明确优势职能，进行合理分工；小城市应当结合地域特点，发展特色产业，如旅游、餐饮、手工艺术品等。只有每个城市的经济职能结构得到加强和进一步的完善，西部地区城市才能提高整体的经济效益。

第五章　西部地区经济空间相关性的实证研究

鉴于西南与西北地区地理特征差异，本章将西部地区分为两大板块，以地级及以上城市为研究单元，分析两大板块区域内的经济空间相关性等问题。基于此，合理运用区域经济的空间相关性特征，有针对性地进行政策布局，促进西部地区的协调发展。

从近年来对区域经济空间结构的研究来看：①研究样本单元有所变化，研究区范围扩大了，样本单元更细化了。早期研究多数以省域为样本单元，随着研究的深入，有全球尺度、市级尺度、县级尺度等。乔志霞、贾海波等（2014）以甘肃省为例对欠发达省份区域经济空间结构演变与优化进行了研究，程钰、刘雷等（2013）对山东省经济空间结构特征及影响因素进行了研究，方叶林、黄震方、陈文娣等（2013）对安徽省2001—2010年县域经济空间演化进行了研究，刘晓婷、陈闻君（2015年）对新疆2004—2013年县域经济空间差异演化进行了研究。②研究方法多样化。从以定性为主转变为定性和定量相结合的方法，定量研究方法则由单一指标研究向综合指标研究发展。曾浩（2016）选择长江经济带1998—2013年市域人均GDP为主要研究指标，综合运用变异系数、首位度以及ESDA空间相关分析方法对长江经济带经济空间演化进行分析；柯文前、陆玉、俞肇元等（2013）采用探索性空间数据分析（ESDA）方法研究了江苏省县域经济空间格局演化；罗庆（2014）通过探索性空间数据分析，展示了1990—2010年中国县域经济格局在空间上的演变状况；张宇硕、白永平、李慧等（2011）基于兰州—西宁城镇密集区2000—2008年的县域经济发展数据，以县域为研究单元，采用因子分析和GIS技术相结合的方法，综合分析密集区经济差异的空间格局；王美霞、李民等

(2015)以武陵山片区为例,构建综合指标,利用空间统计分析方法分析该区域县域经济空间格局演化特征,归纳了其影响因素和形成机制。③研究角度多元化。孙铁山、刘霄泉(2015)运用1952—2010年的数据,分析了区域经济份额变化,进一步说明中国经济空间格局的演化过程。还有部分学者从产业结构等角度对区域经济空间结构进行了分析。

第一节 西北地区经济空间相关性分析

从地理分布上看,西北地区处于我国的内陆,拥有丰富的矿产和资源,但环境条件较差,大部分地区干旱缺水,在很长一段时间,其经济活动的发展受到自然条件的很大限制。但是自改革开放以来,特别是西部大开发战略真正开始实施以来,中国西北地区的经济得到了快速发展,其经济面貌发生了很大变化,经济空间结构研究成为一个热门的主题。我国大力倡导区域经济协调发展,政府开始关注中西部地区的经济增长,差距虽有所减缓,但区域经济空间分布上的不均衡性仍然普遍存在。区域经济空间结构优化是区域生产要素合理配置、提高区域综合效益、协调区域发展的有效途径。

研究的区域范围是整个西北地区,具体为五个省份,分别是陕西、甘肃、宁夏、青海、新疆。为了方便研究,以1995年全国城市行政区划为准,将西北地区五个省份的各个地级及以上城市作为一个独立的研究单元,总共52个研究单元,其中陕西10个,甘肃14个,青海8个,宁夏5个,新疆15个。时间序列为1995—2013年,分析变量为地级及以上城市的各年人均GDP。数据来源于1995—2014年的《中国城市统计年鉴》《甘肃统计年鉴》《宁夏统计年鉴》《新疆统计年鉴》《青海统计年鉴》《陕西统计年鉴》。通过ESED和CSDA等技术方法对我国西北地区经济空间结构进行分析,有助于我们加深对区域经济差异问题的认识和理解,有助于认清西北地区经济发展的现状以及存在的一些问题,对经济空间结构的优化,合理配置资源,促进西北地区经济稳定协调发展有重要意义。

一 西北地区经济现状及差异分析

我国西北地区面积广阔，极具多元的地域特色，呈现出巨大的空间差异，经济发展不均衡现象普遍存在于不同行政单元内部。对于区域经济发展的差异性，从2014年的地区生产总值来看，西部地区最高的省份是陕西，为17689.94亿元；其次是新疆，为9264.1亿元；最低的省份是青海，为2301.12亿元。从2014年的人均地区生产总值来看，排在第一的还是陕西，为46929元；最低的是甘肃，为26427元。虽然陕西的地区生产总值只占国内生产总值的2.78%，相比全国其他省份，该比值并不算高，但在西北地区，陕西创造的地区生产总值是青海的8倍，比甘肃、宁夏、青海三个省份创造的国内生产总值之和还要高出许多。这充分显示出了陕西在西北地区经济发展中领头羊的地位和对经济的拉动作用，同时也显示出了西部地区经济发展的差距和不协调性。2014年人均国内生产总值是46652元，西北地区高于全国平均水平的只有陕西，其余四个省份都低于平均水平，西北地区五个省份的地区生产总值占国内生产总值的比重竟然不足7%。

1994—1996年是西部大开发战略构想提出的前期阶段，1997—1999年是西部大开发战略的提出和策划阶段，2000年是西部大开发战略正式实施的开始，2020年5月提出推进西部大开发形成新格局战略。从1994年开始，陕西的经济一直处于平稳的增长状态，并在2008年达到最高增长速度，为16.4%。而其他省份从1999年才出现稳健的增长，之后在2007年左右达到峰值。大多数年份里，除了新疆，其余四个省份的经济发展速度都高于国家的经济发展速度，从2009年开始，国家经济增长速度一直下滑，虽然2010年有所反弹，但是没能超过西北地区的增长速度。由此可见，虽然西北地区总体来说相对落后，但经济的发展空间很大。国家的经济发展速度若要保持在一定的水平之上，需要充分挖掘西北地区的发展潜力。

二 西北地区经济空间相关性分析

（一）西北地区空间相关性的全局性分析

下面采用全局莫兰指数测度全局空间自相关性。其计算公式为：

$$I = \frac{n\sum_{i=1}^{n}\sum_{j=1}^{n}w_{ij}(x_i - \bar{x})(x_j - \bar{x})}{\sum_{i=1}^{n}\sum_{j=1}^{n}w_{ij}\sum_{j=1}^{n}(x_i - \bar{x})^2} = \frac{\sum_{i=1}^{n}\sum_{j\neq 1}^{n}w_{ij}(x_i - \bar{x})(x_j - \bar{x})}{S^2\sum_{i=1}^{n}\sum_{j\neq 1}^{n}w_{ij}}$$

(5-1)

式中，n 为研究空间的样本数；x_i 表示第 i 个地区的观测值，$\bar{x}$ 表示观测值的平均值。w_{ij} 为研究范围内空间单元的空间权重矩阵，其具体形式为：

$$w_{ij} = \begin{cases} 1 \\ 0 \end{cases}$$

上述权重的相邻规则是：

$$W = \begin{bmatrix} w_{11} & w_{12} & \cdots & w_{1n} \\ w_{21} & w_{22} & \cdots & w_{2n} \\ \cdots & \cdots & \cdots & \cdots \\ w_{n1} & w_{n2} & \cdots & w_{nn} \end{bmatrix}$$

(5-2)

全局莫兰指数是一个介于 -1 到 1 之间的值，在给定显著性水平下：

若全局莫兰指数显著为正，说明区域发展水平较高或较低的区域空间集聚特征明显，值越接近于 1，总体空间差异越小。

若全局莫兰指数显著为负，说明区域与其周边地区的经济发展水平的空间差异较明显，值越趋近于 -1，总体空间差异越大。

对全局莫兰指数可采用 Z 检验（判断依据见表 5-1）：

$$Z(I) = \frac{I - E(I)}{\sqrt{VAR(I)}}$$

(5-3)

表 5-1　　　　　　Z 得分和 P 值及置信度

Z 得分	P 值	置信度
< -1.65 或 >1.65	<0.10	90%
< -1.96 或 >1.96	<0.05	95%
< -2.58 或 >2.58	<0.01	99%

通过 ArcGIS 软件测算西北地区各地级市 1994—2013 年人均 GDP 的全局莫兰指数值、Z 得分、方差、P 值（见表 5-2）。

表 5-2　　西北地区各地级市 1994—2013 年人均 GDP 的全局莫兰指数值、Z 得分、方差和 P 值

年份	全局莫兰指数	方差	Z 得分	P 值
1994	0.2553	0.0224	1.8562	0.0634
1995	0.2707	0.0243	1.8803	0.0601
1996	0.2368	0.0222	1.7378	0.0822
1997	0.2552	0.2224	1.8562	0.0634
1998	0.5408	0.0351	3.0064	0.0026
1999	0.2323	0.0276	1.5703	0.1164
2000	0.1664	0.0186	1.4164	0.1567
2001	0.1569	0.0161	1.4285	0.1531
2002	0.1812	0.0141	1.6921	0.0906
2003	0.3302	0.0230	2.2995	0.0215
2004	0.3605	0.0221	2.5453	0.0109
2005	0.4367	0.0241	2.9284	0.0034
2006	0.4892	0.0260	3.1436	0.0017
2007	0.5842	0.0289	3.5386	0.0004
2008	0.6472	0.0305	3.8068	0.0001
2009	0.7755	0.0326	4.3920	0.0000
2010	0.6733	0.0312	3.9088	0.0000
2011	0.7411	0.0324	4.2139	0.0000
2012	0.7806	0.0329	4.4010	0.0000
2013	0.5040	0.0273	3.1554	0.0016

根据表 5-2，所有年份的全局莫兰指数值均为正，说明西北各地级市的空间集聚性显著。自 1994 年以来，全局莫兰指数值整体呈现上升趋势。1994—2001 年波幅较大，但自 2002 年开始，全局莫兰指数值逐步稳健上升，自 2009 年之后，趋势有所减缓。

从西北地区集聚经济的发展演变过程来看，除 1999—2001 年之

外，其余年份西北地区经济具有显著的相关性（见表5-2）。

如图5-1所示，1998年全局莫兰指数值为0.5408，到1999年下降到0.2323，并在2001年下降到最低点0.1569，这个时间段正是西北大开发战略构想的提出、策划以及正式实施的初级阶段，各地域都在进行相应的改革，使西北地区内的经济联系变弱，从而导致这几年全局莫兰指数值突然下降。当西部大开发战略开始落实时，全局莫兰指数值才稳步上升。

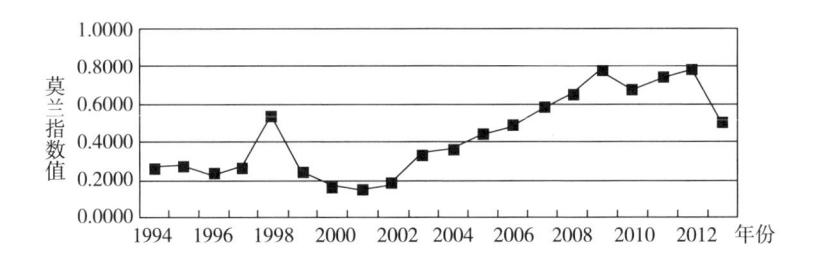

图5-1 1994—2013年西北地区空间自相关性

（二）西北地区局部空间分析

局部空间分析可度量每个区域与周边地区之间的局部空间关联和空间差异程度，并将局部差异的空间结构可视化，从而发现区域空间分布规律。一般采用局部莫兰指数统计量测度局部空间的自相关性，Z_i 和 Z_j 为城市 i 和其相邻城市 j 的人均 GDP 标准化值，表示各人均 GDP 与均值的偏差程度；w_{ij} 是空间权重矩阵 W 的元素，$\sum_j w_{ij} Z_j$ 表示相邻城市的人均 GDP 偏差的加权平均，又称为空间滞后变量。

当 $I_i > 0$ 时，表明城市与其相邻城市存在正相关关系，I_i 越大，正相关性越强。

当 $I_i < 0$ 时，表明城市与其相邻城市存在负相关关系，I_i 绝对值越大，负相关越强。

$Z_i > 0$，$\sum_j w_{ij} Z_j > 0$。城市 i 与其相邻城市人均 GDP 都高于整个区域的均值，具有同步高增长的趋势，可以认为城市 i 与相邻城市经济增长相关联,定义城市 i 为扩散效应区,记作 HH。

$Z_i > 0$,$\sum_j w_{ij} Z_j < 0$。城市 i 的人均 GDP 高于整个区域的均值,而其相邻城市人均 GDP 低于整个区域的均值。城市 i 与其相邻城市经济增长存在显著的空间负相关性,形成空间极化效应,定义城市 i 为极化效应区,记作 HL。

$Z_i < 0$,$\sum_j w_{ij} Z_j > 0$。城市 i 的人均 GDP 低于整个区域的均值,而其相邻城市人均 GDP 高于整个区域的均值。定义这类城市为过渡区,记作 LH。

$Z_i < 0$,$\sum_j w_{ij} Z_j < 0$。城市 i 与其相邻城市人均 GDP 都低于整个区域的均值,城市 i 与其相邻城市在空间上形成一个低速增长带。定义城市为低速增长区,记作 LL。

将城市 i 的人均 GDP 标准化值 Z_i 与其空间滞后向量 $\sum_j w_{ij} Z_j$ 以散点图的形式加以描述。以 Z_i 为横轴,$\sum_j w_{ij} Z_j$ 为纵轴,利用 GeoDa 软件分别制作出 1994 年和 2013 年的散点图,如图 5-2 和图 5-3 所示。

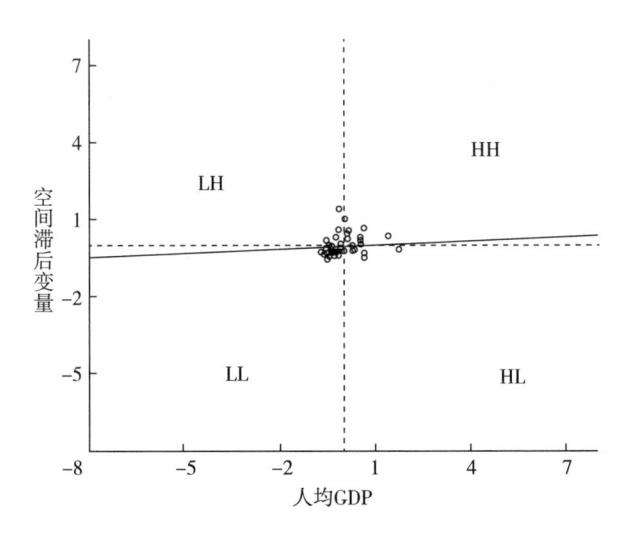

图 5-2 1994 年西北地区人均 GDP 散点图

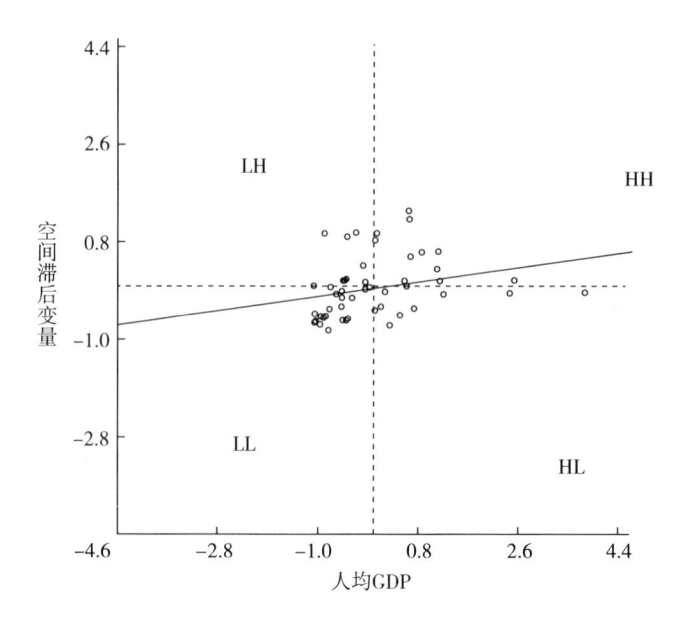

图 5-3　2013 年西北地区人均 GDP 散点图

1994 年以来，西北地区经济发展的格局发生了很大的变化。2013年位于 HH 象限和 LL 象限的城市比 1994 年多，且由 1994 年的聚集形态变为发散，说明城市之间的相互依赖性增强。相比 1994 年而言，2013 年高聚集城市有所增多，说明经济发达城市对周围城市的带动能力有所提高。但就整体而言，大多数地区却表现出没有显著的相关性，说明西北地区大多数人均 GDP 较高的城市的辐射能力有限，对周围城市的带动能力小。这一事实表明，西北地区的经济发展明显地不协调，应该加强各城市之间联系，提高中心城市对周边的辐射能力。

三　结果分析与建议

本节运用了探索性空间分析方法，通过 ArcGIS 软件，计算并分析了 1994—2013 年西北地区的经济空间演变特点，可以得出以下结论：第一，虽然西北地区经济发展较快，但经济差距依然很大，就经济发展速度而言，均高于全国经济平均发展水平，但人均 GDP 低于全国人均水平；第二，西北地区经济空间差异有减缓趋势，各区域之间的相互依赖性增强，区域经济聚集效应明显；第三，西北地区内部经济发展悬殊，各地区人均生产总值差异很大。基于以上分析，应当从以下几点促进西北地区经济协调发展。

（一）打破行政边界，加强地区经济合作，加深城市产业联动

首先，打破行政边界，协调区域经济发展，加强地区经济空间结构调整，促进区域经济合作。合作经济是市场经济发展的本质，在利益一致的条件下达成合作共识，抱团组合成联合体不断提高共同竞争力以应对市场竞争，实现不断缩小地区经济差异的目标。在经济发展越来越密切的时代背景下，联合互动发展是民营经济、工业经济的助推剂。统筹西北地区经济发展规划，避免产业同构，优化产业升级，利用产业垂直分布和水平联系，合理布局产业资源。充分发挥西安、兰州、银川、乌鲁木齐、西宁等中心城市对地区发展的引领作用，基于各城市要素禀赋条件，发挥产业发展的比较优势，抓住"一带一路"建设机遇，以新丝路经济带沿线中小城市为依托，形成产业联动、集约高效、绿色低碳的城市经济。重点促进人才、资金等要素在区域内自由流动，制定适当的人才保护政策，使西北地区协同、融合发展。

（二）升级交通设施建设，加强空间联系，提高城市辐射效应

升级西北地区各城市间的交通基础设施建设，加强空间联系，突破空间障碍，缩短城市间时间距离，是加速要素自由流动的重要保障。在新丝路沿线构建综合立体交通走廊，推动各要素有序流动，优化资源配置。通过建设城市圈、群、带交通体系，有效降低运输成本，推动西北地区产业升级，提高城市规模经济和知识溢出效应。西北地区经济发展差异较大，应以发达城市为中心，发挥大中城市的增长极作用，带动其他周边落后地区的发展，提升西北地区的经济发展水平。针对扩散互溢区域，要进一步优化产业结构，加大升级力度，既要保证区域经济体量的不断扩大，也要注重区域经济发展质量不断优化。应将重心放在"优结构、促增长、保质量"上，提高各要素在城市之间的流动效率，尽可能营造公平、公正的市场竞争环境，以使城市经济主体在平等条件下竞争。

（三）消除制度障碍，促进体制机制建设，发展地方特色经济

打破区域间行政壁垒，消除制约经济发展的制度障碍，建立促进西北地区经济协调发展的体制机制，是引导产业空间布局，形成西北地区产业优势，提高产业竞争力的重要途径之一。西北地区特定的生态系统、社会人文环境和历史基础，决定了其发展方式不可能移植、照搬东部的发展模式。西北地区拥有民族文化的多元性、生态环境的多样性、资源结构的多样性，这为其发展特色经济奠定了深厚基础。

第二节 西南地区经济空间相关性分析

区域经济发展除受自身因素影响外，还受到相邻区域集聚效应和扩散效应的影响。在市场经济中，技术、商品和信息交换等经济活动，会带动区域经济在空间的相互作用，劳动力和资本等要素在区际自由流动，一方面加深区际的经济联系，另一方面带来空间集聚效应和扩散效应。在分析了西北板块区际空间相关性之后，本节将关注西南板块区际经济空间相关性问题。旨在探寻区域内各城市之间的地位，认识该板块各地区之间经济空间相关性特征，以期为地方政府制定区域经济协调发展政策提供科学依据，促进西南地区经济协同发展。

一 西南地区经济现状与差异分析

从国家行政区域的划分看，地理上广西属华南，但从经济历史来说，广西属于西南，且西部大开发包括广西，因此西南地区包括重庆、云南、四川、贵州、广西和西藏六个省份。其中，重庆和四川的经济水平明显高于云南、贵州、广西和西藏，是西南地区的政治文化经济中心。鉴于研究的可比性，这里将西藏地区去除，仅仅考虑西南五省份的情况，分析西南地区五省份人均 GDP 差异。

计算西南地区 5 省份 2013 年的人均 GDP 的标准差（S）、极差（R）、变异系数（V_{WU}）、以 GDP 为权数的加权变异系数（V_{WNI}）、以人口数为权数的加权变异系数（V_{WP}），结果见表 5-3。

表 5-3　　　　　　　　2014 年西南地区人均 GDP 差异

年份	S	R	V_{WU}	V_{WNI}	V_{WP}
2014	7717.535	21466.00	0.227629	0.2392645	0.294128

由表 5-3 可知,2014 年西南地区人均 GDP 的绝对差异明显,各个省份发展不平衡,经济差距显著。西南 5 省份中,四川的 GDP 总值较高,经济发展排第一,贵州经济落后,四川的 GDP 总值是贵州的两倍还多。从人均 GDP 来看,重庆排第一,贵州的经济处于落后状态,重庆人均 GDP 几乎是贵州的两倍。这表明了重庆和四川在西南地区经济发展中的"领头羊"地位和对经济的拉动作用。随着改革开放政策的实行,四川对西南地区经济的带动作用越来越强,四川的人均 GDP 远高于西南地区的平均水平。1997 年重庆成为直辖市后,人均 GDP 一跃成为西南地区的第一。

根据表 5-3 和图 5-4,使用变异系数测量的西南地区各省份人均 GDP 相对差异,其值处于 0.2 至 0.3 之间。考虑 GDP 和人口数作为权数后,计算的西南 5 省份的加权变异系数,其值也在 0.2 至 0.3 之间。这个结果表明,5 省份经济差异较大,与绝对差异分析结果较一致,以及西南地区经济发展具有不平衡性。

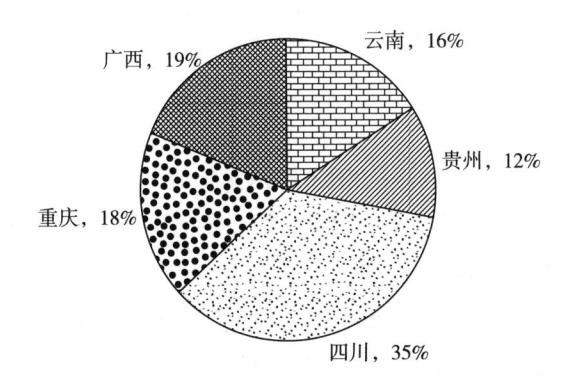

图 5-4　2013 年西南地区人均 GDP 分布

二 西南地区经济空间相关性

借助软件 GeoDa 来实现空间自相关分析,数据来源于 2006—2013 年西南地区各地级市统计年鉴。

(一)全局空间自相关分析

选取 2003—2013 年的西南地区地级市人均 GDP,通过 GeoDa 计算出西南地区地级市的全局莫兰指数,并且计算出检验的统计量 Z 及其相关显著性,结果如表 5-4 所示。

表 5-4　　　　　2003—2013 年西南地区人均 GDP 的
全局莫兰指数及其显著性检验

年份	全局莫兰指数	Z 值	P 值
2003	0.3570	8.4138	0
2004	0.4275	10.0512	0
2005	0.4231	9.9596	0
2006	0.3755	8.8483	0
2007	0.4607	10.8370	0
2008	0.4872	11.4540	0
2009	0.5375	12.6213	0
2010	0.5108	12.0012	0
2011	0.5363	12.5947	0
2012	0.5572	12.3851	0
2013	0.5714	13.612	0

由表 5-4 可知,2003—2013 年西南地区的人均 GDP 存在显著的空间自相关性,基本特征是人均 GDP 较高的城市有分布集中的趋势,而人均 GDP 较低的城市分布彼此相邻近。

从整体来看,2003—2006 年西南地区的空间集聚性相对稳定,2006 年后有所上升,并且有扩大的趋势,经济差异明显加剧。但是全局莫兰指数的差距处于一个相对平缓的增长速度。

(二)局部空间自相关分析

局部空间自相关分析主要分析各单元属性值在空间上的分布格

局，度量每个区域与周边地区之间的局部空间关联程度，常用统计量为局部莫兰指数。

表5-5　　　　　　　西南地区各地级市局部莫兰指数

序号	城市	人均GDP（元）	局部莫兰指数	Z值	P值
1	北海市	43491	-0.7142	-0.2428	0
2	保山市	17500	0.2458	0.4567	0
3	临沧市	17631	0.5762	0.6826	0
4	普洱市	16488	0.2963	0.4984	0
5	丽江市	20734	-0.8221	-1.2366	0
6	攀枝花市	71507	-0.8743	-1.2366	0
7	贵阳市	55024	-0.1921	-2.2526	0
8	安顺市	15006	-0.4598	-0.3423	0
9	曲靖市	24672	-0.3743	-0.2671	0
10	六盘水市	27142	0.1768	0.1062	0
11	毕节市	11962	0.5943	0.4834	0
12	昭通市	10813	0.7283	0.7700	0
13	宜宾市	24416	0.3126	0.1888	0
14	乐山市	31876	0.7168	0.0711	0
15	自贡市	30352	-0.1483	0.0147	0
16	内江市	25043	-0.1958	0.0363	0
17	遵义市	20369	0.8872	-0.0237	0
18	达州市	18102	0.1065	0.7844	0
19	遂宁市	19436	0.3189	0.1752	0
20	广安市	17769	0.1084	0.6790	0
21	泸州市	22450	0.3950	0.2828	0
22	资阳市	21546	-0.1280	0.0195	0
23	雅安市	26622	-0.1647	-0.0679	0
24	眉山市	24433	-0.9984	-0.3349	0
25	广元市	16734	0.8762	0.6772	0
26	巴中市	10665	0.2045	1.3996	0
27	南充市	17504	0.1956	1.0707	0

续表

序号	城市	人均GDP（元）	局部莫兰指数	Z值	P值
28	绵阳市	26602	-0.1821	-0.0029	0
29	德阳市	35611	0.1838	0.8171	0
30	成都市	76674	0.1983	0.1072	0
31	铜仁市	12476	0.2467	0.4950	0
32	重庆市	37691	-0.4845	-0.5137	0
33	昆明市	62437	0.9120	1.1258	0
34	玉溪市	51278	0.1249	3.2075	0
35	百色市	19511	0.2287	0.5380	0
36	崇左市	23669	-0.5679	-0.4912	0
37	防城港市	56467	0.2435	0.2112	0
38	南宁市	38723	-0.1654	-0.0210	0
39	钦州市	18986	-0.1967	-0.6974	0
40	玉林市	17096	0.4872	0.3255	0
41	梧州市	29515	-0.2561	-0.0860	0
42	桂林市	31761	0.2849	0.2523	0
43	柳州市	54034	-0.9682	-0.8717	0
44	河池市	12769	-0.4659	-0.8570	0
45	贵港市	13792	0.1023	0.6000	0
46	贺州市	18113	-0.1652	-0.0931	0
47	来宾市	20139	-0.2672	-0.1064	0

从表5-5中得出：①局部莫兰指数小于0的地级及以上城市单元有21个，占西南地区地级及以上城市总数的44.68%（见表5-6），这些地区受较发达地区经济发展极化作用的影响，表现出显著的内部差异性和外部差异性。②在0—0.4的地级市有18个，占西南地区地级及以上城市总数的38.30%，这些地区表现出低度的自相关，其经济发展在空间上联系很弱，基本上处于孤立发展状态。③在0.4—0.8的地级及以上城市共有5个，占西南地区地级及以上城市总数的10.63%，这些区域主要分布在局部莫兰指数大于0.8的地区周围，一部分区域紧邻发达区域，受其辐射作用影响较大，经济发展呈

现良好势头，还有一部分地区周围为连片的贫困区，其经济发展水平也较低。④大于0.8的区域有3个，占西南地区地级及以上城市总数的6.38%，这些区域表现出高度的空间自相关，这些地区可以分为两类，一类是经济发达或较发达地区，另一类则是持续贫困地区。

表5-6　　　　　　　　　　　西南地区分类

局部莫兰指数取值范围	地级市个数	占西南地区百分比（%）
局部莫兰指数<0	21	44.68
0≤局部莫兰指数<0.4	18	38.30
0.4≤局部莫兰指数<0.8	5	10.63
局部莫兰指数≥0.8	3	6.38

三　结论及政策建议

（一）结论

上述数据表明，西南地区各城市人均GDP差距快速扩大。尤其是重庆成为整个西南地区的强行增长极，加大了西南地区的经济差异化，四川和重庆与广西、云南、贵州3个省份的经济差距明显。

从空间分析的结果可以明显地看出，从2003年到2013年，西南地区47个地级及以上城市的经济趋于空间集聚，全局莫兰指数的增长说明这种集聚的状态在缓慢加强。局部莫兰指数小于0的有北海、丽江、贵阳等21个地级及以上城市，这些地区受较发达地区经济发展极化作用的影响，表现出显著的内部差异性和外部差异性。局部莫兰指数在0—0.4的有保山、六盘水、宜宾等18个地级及以上城市，这些地区表现出低度的自相关，其经济发展在空间上联系很弱，基本上处于孤立发展状态。局部莫兰指数在0.4—0.8的地区共有临沧、毕节、昭通、乐山、玉林5个地级及以上城市，这些区域主要分布在局部自相关系数大于0.8的地区周围，一部分区域紧邻发达区域，受其辐射作用影响较大，经济发展呈现良好势头；另一部分地区周围为连片的贫困区，其经济发展水平也较低。局部莫兰指数大于0.8的区域有广元、昆明、遵义3个地级及以上城市，这些区域表现出高度的空间自相关，这些地区可以分为两类，一类是经济发达或较发达地区，另一类则是持续贫困地区。从表5-5中可看出，广西局部莫兰指数值小于0的地区占大多数，说明广西大部分城市与周边城市差异性大。云南大部分局部莫兰指数值处于0到0.4之间，说明云南很多城市孤立发展，相关性弱。

(二) 政策建议

1. 兼顾发展，政策上给予贫困地区更多的支持

从西南地区的绝对差异和全局自相关的分析中可以看出，西南地区的经济差异化明显，且西南地区47个地级及以上城市的经济水平趋于空间集聚，全局莫兰指数的增长说明集聚状态的加剧，因此西南地区47个地级市的经济状况会呈现发达地区越发达，贫困地区越贫困的状况。针对这种状况，应当兼顾西南地区的共同发展，给予落后地区更多的政策支持。

2. 加强区域协作互动，调整和完善区域间合作机制

从局部空间自相关的分析可以看出，西南地区47个地级及以上城市中，局部莫兰指数值小于0的地区有21个，占了很大的部分，说明城市之间经济差异性大，局部莫兰指数值在0和0.4之间的有18个，这18个地区孤立发展，与周边地区相关性弱，这两类地区加起来超过西南地区的80%。因此，应当加强地区间的交流合作。云南和贵州城市之间差异性大，孤立发展的城市较多，这两省地处高原，交通不占优势，虽然自然资源和旅游资源丰富，但是交通问题阻碍了这些资源的利用与地区发展。因此应当改善交通，加强区域协作，鼓励要素流动和地区交流。

第六章　西部地区经济空间差异的案例研究

我国西部地区幅员广大，资源丰富，同时地区差异明显，经济地理环境决定了西部地区具有发展特色农业、特色旅游、特色矿产等的先天经济条件。自改革开放以来，西部地区经过40多年的飞速发展，目前已处于发展的关键时期，虽然有着优良的自然条件与国家政策的大力支持，但是西部地区的经济发展仍然与东部地区差异较大，且差距越来越明显。不仅如此，西部地区内部的经济差异也越来越明显，出现了显著的区域经济发展落差。在西部地区中，陕西、四川和重庆是区域政治、经济、文化中心，经济水平明显高于其他省份。为什么会出现如此大的差距？这是学者一直试图解决的问题，同时只有解决这个问题，找出差异的原因，才能促进区域的协调发展，保持经济的持续增长，促进和谐社会建设。

区域经济差异是区域经济学研究的重点之一，并且是国内外学者关注的重点问题。区域经济的差异可以划分为经济增长总量的差异、经济增长速度的差异、经济结构的差异、经济发展条件的差异等。城市是人类政治、经济和社会活动高度集聚的空间实体，并且是主要的物质内容在地域空间上的组合形式。城市随着工业化和运输的发展而变化，随着人口、产业、城市、信息、交通等要素在空间上的集聚与扩散而变化。新时期的城市化已不仅仅是农村人口向城市转移这一问题，经济结构和空间利用的变化也对城市化区域空间格局产生深刻影响。产业园区成为全球经济发展新动力，在城市经济转型发展中发挥重要作用。产业园区的产业空间集聚以及影响机制是近年来区域经济的研究热点之一，产业园区建设是我国区域经济增长的主要模式之一。

本章分三个专题，即城市化水平空间差异、城市化质量空间差异及产业园区空间生产力差异。考虑到中国西北地区和西南地区地理位置及联系的差异性，无法以西部地区总体作为研究区域。因此，第一节，以西南地区为例，以地级及以上城市为研究单元，运用主成分分析法评价城市化水平差异，在此基础上，分析城市化的基本特点和现状特征，提出城市化有序发展的对策与措施；第二节，以西北地区为例，以地级及以上城市为研究单元，定量评价城市化质量的空间差异，在此基础上，提出促进城市化健康发展的对策建议，从而提高城市竞争力；第三节，以西北地区为例，以国家级产业园区为研究单元，计算其空间生产力，分析产业园区空间生产力差异的原因。

第一节　城市化水平空间差异：以西南地区为例

随着我国经济的繁荣发展，城市化也越来越受到广泛关注。经济的发展驱动城市化的扩大，城市化的扩大可以拉动就业，刺激消费，同时也反作用于区域经济的发展。从整体来看，西南地区的城市化发展是不平衡的，区域内发展差距巨大，不同省份间城市化水平也存在很大的差距。

一　城市化水平测度指标的选取

通过参考大量的国内外学者对于城市化水平测度的研究后，结合西南地区5个省份（除西藏外）各自的特点，构建由经济指标、人口指标、社会指标和空间指标共4类13个指标的指标体系，测度西南地区47个地级及以上城市的城市化水平。这些指标分别为社会消费品零售总额X_1、人均GDP X_2、城市人口占总人口比重X_3、人均道路面积X_4、用液化气人口X_5、公园绿地面积X_6、公共财政收入X_7、城市建设用地面积X_8、人口密度X_9、固定资产X_{10}、互联网接入用户数X_{11}、工业总产值X_{12}、每万人拥有公交车辆数X_{13}，具体如表6-1所示。13个指标的数据全部源于《中国城市统计年鉴（2014）》。

表 6-1　　　　　　　　　城市化水平测度指标体系

分类	具体指标
人口指标	城市人口占总人口比重、人口密度
经济指标	社会消费品零售总额、人均 GDP、公共财政收入、固定资产、工业总产值
生活指标	人均道路面积、用液化气人口、公园绿地面积、互联网接入用户数、每万人拥有公交车辆数
空间指标	城市建设用地面积

第一类，人口指标。城市化可以用很多指标来体现，其中人口的城市化是重要指标之一，人口指标不仅能够从数据上直接反映人口结构，而且还能间接体现经济社会整体的生产力水平和人们的生活方式。具体选择城市人口占总人口比重和人口密度两个指标。

第二类，经济指标。城市化的发展一定会伴随工业化水平的提高、消费总量的增加和经济水平的整体提高，因此选择社会消费品零售总额、人均 GDP、公共财政收入、固定资产、工业总产值这五个有代表性的指标来刻画经济发展状况。

第三类，生活指标。人们的生活方式是城市化的重要组成部分之一。选取人均道路面积、用液化气人口、公园绿地面积、互联网接入用户数、每万人拥有公交车辆数这五个指标描述城市化水平。

第四类，空间指标。选取城市建设用地面积描述城市化在地域中的具体表现。

二　西南地区城市化水平测度

城市化是一个能够反映出社会、经济、政治等各个方面不断发展的社会历史过程。本节采用主成分分析方法测度西南地区各地级市的城市化水平，采用聚类分析法研究城市化水平的空间差异及特征。

（一）主成分分析过程及结果

第一步，选取具体指标。选取西南五省份的 47 个地级及以上城市的 13 个测度城市化的指标。

第二步，将原始数据输入 SPSS 统计软件进行无纲量化。

第三步，利用 SPSS 统计软件对标准化后的数据进行主成分分析。

采用四次方最大法进行旋转，计算结果如表6-2所示。

表6-2　　　　主成分分析的特征值及方差贡献率

主成分	特征值	方差贡献率（%）	累积方差贡献率（%）
1	7.089	54.533	54.533
2	1.881	14.470	69.004
3	1.326	10.199	79.203
4	0.952	7.322	86.524
5	0.766	5.895	92.419
6	0.357	2.750	95.169
7	0.252	1.941	97.110
8	0.178	1.372	98.482
9	0.107	0.823	99.304
10	0.041	0.316	99.621
11	0.034	0.261	99.882
12	0.011	0.084	99.966
13	0.004	0.034	100.00

由表6-2可知，第一主成分的特征值为7.089，方差贡献率为54.533%；第二主成分的特征值为1.881，方差贡献率为14.470%；第三主成分的特征值为1.326，方差贡献率为10.199%。通过表6-2可知，主成分的特征值大于1的有3个，因此提取3个主成分。3个主成分的累积方差贡献率为79.203%，这说明前3个主成分基本上就可以代表原始变量的数值变化。

由表6-3（初始因子载荷矩阵）可知，人均GDP、人均道路面积、用液化气人口、公园绿地面积、公共财政收入、人口密度、固定资产、互联网接入用户数、工业总产值在第一主成分上有较高载荷，说明第一主成分基本反映了这些指标的信息，可以将其解释为人口与生活发展水平；社会消费品零售总额、城市人口占总人口比重、每万人拥有公交车辆数在第二主成分上有较高载荷，可以将其解释为城市的消费水平；城市建设用地面积在第三主成分上有较高荷载，可以将其解释为城市建设水平。提取三个主成分可以基本反映全部指标的信息，因子得分系数计算结果如表6-4所示。

表6-3　　　　　　　　　　初始因子荷载矩阵

指标	第一主成分	第二主成分	第三主成分
社会消费品零售总额	0.514	0.691	0.361
人均GDP	0.448	0.372	0.401
城市人口占总人口比重	0.297	0.741	0.602
人均道路面积	0.640	0.425	-0.471
用液化气人口	0.947	-0.237	-0.075
公园绿地面积	0.704	-0.430	-0.213
公共财政收入	0.972	-0.063	-0.007
城市建设用地面积	0.279	-0.119	0.594
人口密度	0.970	-0.156	0.018
固定资产	0.922	-0.179	-0.076
互联网接入用户数	0.966	-0.134	0.112
工业总产值	0.967	-0.051	0.069
每万人拥有公交车辆数	0.229	0.447	-0.617

表6-4　　　　　　　　　　因子得分系数

变量名	第一主成分	第二主成分	第三主成分
社会消费品零售总额	-0.040	0.454	-0.079
人均GDP	-0.007	0.319	-0.181
城市人口占总人口比重	-0.065	0.370	0.133
人均道路面积	0.047	0.062	0.424
用液化气人口	0.165	-0.099	0.005
公园绿地面积	0.164	-0.242	0.051
公共财政收入	0.141	0.004	-0.001

续表

变量名	第一主成分	第二主成分	第三主成分
城市建设用地面积	0.030	0.152	-0.427
人口密度	0.153	-0.030	-0.039
固定资产	0.153	-0.074	0.019
互联网接入用户数	0.145	0.010	-0.090
工业总产值	0.136	0.035	-0.049
每万人拥有公交车辆数	-0.005	0.009	0.524

第四步，确定三个主成分的权重。权重，即三个主成分各自的特征值占总特征值的比重，用于计算综合实力。

$$w_1 = \lambda_1 \left(\sum_{i=1}^{3} \lambda_i \right)^{-1} = 7.089/(7.089 + 1.881 + 1.326) = 0.69$$

$$w_2 = \lambda_2 \left(\sum_{i=1}^{3} \lambda_i \right)^{-1} = 1.881/(7.089 + 1.881 + 1.326) = 0.18$$

$$w_3 = \lambda_3 \left(\sum_{i=1}^{3} \lambda_i \right)^{-1} = 1.326/(7.089 + 1.881 + 1.326) = 0.13$$

第五步，计算各城市三个主成分的分值及城市的综合评价值。计算结果如表6-5所示。

表6-5　　　　　　　　　　主成分得分

城市名称	第一主成分分值	第二主成分分值	第三主成分分值	综合评价值
南宁	0.87	1.04	5.22	1.45
柳州	0.18	1.51	0.87	0.51
桂林	-0.04	0.15	0.94	0.12
梧州	-0.29	0.18	0.55	-0.09
北海	-0.39	1.43	-0.21	-0.03
防城港	-0.61	1.76	-0.16	-0.11
钦州	-0.27	-0.01	-0.13	-0.20
贵港	-0.18	-0.35	-0.38	-0.23
玉林	-0.06	-0.21	0.24	-0.05
百色	-0.29	-0.97	0.47	-0.31
贺州	-0.37	-0.29	-0.18	-0.32

续表

城市名称	第一主成分分值	第二主成分分值	第三主成分分值	综合评价值
河池	-0.40	-1.03	0.64	-0.37
来宾	-0.38	-0.14	0.17	-0.26
崇左	-0.43	-0.70	0.32	-0.37
重庆	5.94	-1.38	-0.01	3.73
成都	2.24	2.55	-2.10	1.68
自贡	-0.14	0.71	-1.37	-0.14
攀枝花	-0.46	2.14	-0.23	0.05
泸州	-0.15	0.04	-0.39	-0.14
德阳	-0.11	0.43	-0.82	-0.10
绵阳	-0.13	0.27	0.07	-0.03
广元	-0.35	-0.52	-0.02	-0.33
遂宁	-0.30	0.71	-1.03	-0.21
内江	-0.12	-0.06	-1.34	-0.27
乐山	-0.24	0.14	-0.34	-0.18
南充	0.01	-0.19	-0.77	-0.13
眉山	-0.25	-0.19	-0.58	-0.27
宜宾	-0.10	-0.32	-0.50	-0.19
广安	-0.16	-0.42	-1.22	-0.34
达州	-0.17	-0.94	-0.35	-0.33
雅安	-0.47	-0.15	-0.08	-0.35
巴中	-0.29	-0.92	-0.45	-0.42
资阳	0.22	-0.91	-0.76	-0.12
贵阳	0.15	1.55	-0.19	0.36
六盘水	-0.39	0.27	0.12	-0.20
遵义	0.03	-0.77	0.54	-0.05
安顺	-0.36	-0.6	-0.28	-0.38
毕节	0.21	-1.35	-0.25	-0.13
铜仁	0.14	-1.86	0.19	-0.22
昆明	0.88	2.05	0.95	1.08
曲靖	-0.22	-0.23	0.33	-0.15

续表

城市名称	第一主成分分值	第二主成分分值	第三主成分分值	综合评价值
玉溪	-0.55	1.10	0.42	-0.11
保山	-0.55	-0.54	0.09	-0.45
昭通	-0.42	-1.05	0.07	-0.46
丽江	-0.35	-0.25	0.07	-0.27
普洱	-0.44	-0.88	0.74	-0.35
临沧	-0.45	-0.82	0.48	-0.39

1. 人口与生活发展水平

依据表6-5，第一主成分分值大于0的有南宁、柳州、重庆、成都、南充、资阳、贵阳、遵义、毕节、铜仁以及昆明11个城市，这11个城市的人均GDP等9个指标的值比较高，人口与生活发展水平相对于其他城市较高。第一主成分分值小于0的城市有36个，其人口与生活发展水平较低。

2. 社会消费水平

由表6-5可知，第二主成分分值大于0的有南宁、柳州、桂林、梧州、北海、防城港、成都、自贡、攀枝花、泸州、德阳、绵阳、遂宁、乐山、贵阳、六盘水、昆明以及玉溪18个城市，社会消费水平较高。其余城市的第二主成分分值小于0，社会消费水平较低。

3. 城市建设水平

第三主成分分值大于0的有南宁、柳州、桂林、梧州、玉林、百色、河池、来宾、崇左、绵阳、六盘水、遵义、铜仁、昆明、曲靖、玉溪、保山、昭通、丽江、普洱以及临沧21个城市，这21个城市在城市建设用地方面投入多，城市建设水平较高。其余城市第三主成分分值小于0，其城市建设水平较低。

4. 综合评价值

综合评价值的高低决定着城市化水平的高低。综合评价值越高，城市化水平就越高；综合评价值越低，城市化水平就越低。依据表6-5，综合评价值有一部分大于0，有一部分小于0。南宁、柳州、桂林、重庆、成都、攀枝花、贵阳以及昆明的综合评价值都大于0，说明这8个城市的城市化水平较高，在47个地级及以上城市的城市化平均水平之上；其余39个城市的城市化水平都较低，在47个地级及以上城市的平均水平之下。

（二）聚类分析过程及结果

由于西南地区47个地级及以上城市的城市化水平差异极大，城市化的发展极度不均衡，所以进一步利用3个主成分对47个地级及以上城市进行聚类分析。根据聚类结果不但可以了解西南地区的城市化总体水平，而且可以明确47个地级及以上城市的城市化水平现状及所属的类群，由此各城市可以根据自身所属的类群选择不同发展战略，根据类群特点寻找具有建设性的城市化路径，以有针对性地促进城市化进程。可将47个地级及以上城市分为两个集群、三个集群、四个集群三类。

采用组间连接分层聚类法对47个地级及以上城市聚类，结果表明：若将47个地级及以上城市分为两个集群，重庆和成都属于第一类，其余45个城市为第二类；若分为三个集群，42个城市为第一类，重庆单独为第二类，南宁、成都、贵阳、昆明为第三类；若分为四个集群，南宁、柳州、德阳、贵阳、昆明为第一类，重庆单独为第三类，成都单独为第四类，其余40个城市为第二类。

（三）主要结论

1. 城市化水平差异的原因及特征

（1）人口与生活发展水平。根据表6-5数据可知，西南地区47个地级及以上城市的第一主成分分值最高值为5.94，最低值为-0.61，这个跨度非常大，由此可知我国西南地区各城市的人口与生活发展水平存在很大的差异。第一主成分分值大于0的城市仅有11个，这说明从整体上来看，西南地区的人口与生活发展水平是偏低的。

（2）社会消费水平。根据表6-5数据可知，西南地区47个地级及以上城市的第二主成分分值最高值为2.55，最低值为-1.86，这个跨度也非常大，说明西南地区各城市的社会消费水平存在很大的差异，发展不平衡，第二主成分值大于0的城市有18个。

（3）城市建设水平。根据表6-5数据可知，47个地级及以上城市的第三主成分分值最高值为5.22，最低值为-2.1，差异非常大，说明我国西南地区的城市建设水平两极分化比较严重，发展极不平衡。

（4）城市化发展不平衡。通过对西南地区47个地级及以上城市的指标进行主成分分析可知，城市化水平综合得分从3.73下降到-0.46，说明西南地区城市化水平存在明显的差异，西南地区的城市化发展非常不均衡。除南宁、柳州、桂林、重庆、成都、攀枝花、贵阳、昆明8个城市分值为正外，其余各地区分值均为负数，大多数地区城市化水平很低。还可以看出，西南地区47个地级及以上城市中城市化处于平均水平之上的城市比较少，处于平均水平之下的城市比较多。由于影响城市化发展的原因不尽相同，必须因地制宜制定不同的城市化发展战略。

2. 城市化水平分类结果分析

（1）47个地级及以上城市分为两个集群的情况。根据表6-5数据，若将47个地级及以上城市分为两个集群，重庆和成都属于第一类，其余45个城市属于第二类。这说明，我国西南地区47个地级及以上城市的城市化水平存在很大的差距，只有重庆和成都的城市化水平比较高，其余45个城市的城市化水平需要进一步提高。根据这个特点，可以将重庆和成都发展为西南地区特大城市，提高这两座城市的经济水平、消费水平，利用特大城市的辐射能力拉动整个西南地区的经济发展，从而提高西南地区经济发展水平。

（2）47个地级及以上城市分为三个集群的情况。若将47个地级及以上城市分为三个集群，重庆单独为第一类，南宁、成都、贵阳、昆明这四个城市为第二类，其余城市为第三类。由此说明在中国西南地区47个地级及以上城市中，重庆的城市化最高，其次是四个省级中心城市，城市化水平较低的是各个省份的42个城市。

（3）47个地级及以上城市分为4个集群的情况。若将47个地级及以上城市分为4个集群，重庆为第一类，成都为第二类，南宁、柳州、德阳、贵阳、昆明为第三类，其余40个城市为第四类。南宁、柳州、德阳、贵阳、昆明属于同一类，城市化水平中等偏高，南宁、贵阳、昆明分别是广西、贵州、云南的省会，在带动省域经济发展中发挥着不可替代的作用，应该充分发挥省级中心城市的带动作用和拉动作用，促进其与省内其他城市的联动发展。柳州作为一个工业化城市，虽然2013年实现了较高的城市化，但仍存在一定的问题，如第二产业比重过大，工业化率过高，经济可持续发展的一系列问题和矛盾突出，影响城市化进程的发展。桂林、丽江、攀枝花等的城市化水平在西南地区较为落后。桂林、丽江应大力发挥旅游的作用，带动第三产业的发展，攀枝花应充分发挥资源优势提高城市化的发展。

推进城市化建设应更加注重以下几点：第一，重点致力于提高工业生产总值，增加财政收入，提高人均GDP。第二，加强城市基础设施建设，突出道路基础设施的整体建设和城市环境的绿化建设；加强城市的配套设施建设，新建污水处理厂、垃圾处理厂等，增加城市服务功能。第三，利用优越的自然环境，根据各市自身特色发展经济，例如发展特色农业，大力发展生态旅游，从而增加财政收入，提高人们的生活水平。第四，利用优越的地理位置发展外贸，引进外来资金发展本地经济，与东盟国家建立贸易关系，发展对外经济贸易往来和港口物流业。第五，加大对学校、医院等非营利性机构的建设，提高社会保障水平，使人们真正有学可上、有病能医。第六，加大投入力度，修建公园，扩大公园绿地面积，让液化气、互联网等现代化生活设施进入家庭，提高人们的生活质量。第七，打造城市的文化名牌，积极引进具有竞争力的人才，提高城市的竞争能力。

第二节　城市化质量空间差异：以西北地区为例

随着改革开放，我国的城市化发展步伐不断加快，城市建设取得了很大的成就。虽然我国的城市化发展较晚，但是后来我国超过很多国家成为城市化发展最快的国家。中国的城市化进程其实可以看成一个压缩式的城市化，中国只用了几十年的时间完成了发达国家上百年的城市化发展任务，但问题也随着城市化的发展慢慢浮现出来，这些问题表现在社会、经济、教育等方面。城市化质量不在于城市化水平的高低，而在于城市化的进程是否健康。叶裕民（2001）认为，城市化质量包含两个方面：第一，城市化的核心载体是城市的发展质量，即城市现代化问题；第二，城市化的域面载体是区域的发展质量，即城乡一体化问题。牛文元（2003）认为，城市化质量表现在三个方面，一是动力特点，二是城市化的公平表现，三是城市化的平衡程度。

本节通过查阅文献，选取经济发展质量、基础设施质量、就业质量、生态发展质量、居民生活质量等指标，测度西北地区五个省份的20个地级及以上城市的城市化质量，并根据测算结果对西北地区城市化质量进行分类、评价，在此基础上，提出有效提高城市化质量的发展措施和政策建议，以期提高城市竞争力，促进西北地区经济健康发展。

一 相关概念及研究基础

1. 城市化的概念和内涵

（1）城市化的概念。城市化也称为城镇化，是指一个国家或区域通过科学进步和产业结构调整，随着生产力有效提高而产生的人口和产业的聚集过程。城市化是由以农业为主的老旧乡村型社会，逐步向以工业和服务业等非农产业为主的现代城市型社会转变的必然过程。

（2）城市化的内涵。城市化的内涵是指乡村型的人类生产和生活方式向城市型转变的发展过程。这个过程中，城市化质的改变和量的改变是同时存在的，但是两者相比较而言，质的改变比量的改变更加重要，量的改变只是城市化进程中不可缺少的一步，而质的改变才是城市化发展的真正意义所在。

2. 城市化质量的概念和内涵

（1）城市化质量的概念。质量是指一组固有特性满足要求的程度，表现为不同方面，可以是某种活动或者某个过程的工作质量。城市化质量的概念是相对于城市化数量来说的，特指城市化各组成要素的发展质量、协调程度和推进效率。

（2）城市化质量的内涵。城市化质量不单单衡量城市给居民提供各项社会经济福利的能力，它还可以在给定数量指标水平的前提下，综合各种经济社会发展水平对城市化发展进行评定。城市化质量上的变化可以通过指标来呈现，比如绿地面积、地区生产总值、职工年工资平均收入等指标。

可以通过两个方面来体现城市化质量，一是生产效率，二是生活质量。

3. 城市化及城市化质量研究现状

美国学者沃纳在《城市经济学》一书中对城市化的定义是："城市化是指从以人口稀少并均匀遍布空间、劳动强度很大且个人分散为特征的农村经济，转变为具有基本特征的城市经济的变化过程，家庭、企业和政府之间以及每种群体内部存在着很大的相互依赖性，以及高水平的技术、革新和企业管理。"日本的森川洋认为，城市化主要是指农村居民向城市生活方式的转变过程。帕乔内认为，城市化应该包括三方面的含义：城市人口占总人口比重的增加、城市和镇的人口增加以及城市生活的社会行为特征在整个社会的扩散。[①]

19世纪60年代之前，我国研究城市化的学者受到国外城市化发展的影响，认为城市化的特有规律只会在资本主义国家出现，社会主义国家不会出现这样的现象，这些认识影响了城市化在我国的研究，从而使得我国城市化起步较晚。吴友仁（1979）发表的《关于中国社会主义城市化问题》一文，标志着我国学者研究城市化的开始，自此城市化研究得到了快速的发展。

郝寿义（2005）将城市化质量对应城市居民消费自然资源所获得的效用，表现为城市人均道路面积、人均拥有公共绿地面积等指标。李明秋、郎学彬（2010）提出，城市化质量是城市化的快速发展过程中，居民生活环境和基础设施的改善，是在对城市投入要素利用效率

---

① 转引自顾朝林、于涛方、李王鸣《中国城市化格局、过程、机理》，科学出版社2008年版。

不断提高的前提下，居民生活质量不断改善，城市各方面的实力和服务能力不断增强，并最终实现城乡统筹发展的目标。余晖（2010）从"质"和"量"两个角度来分析城市化发展。前者是城市化率，后者是城市化率和发展中的各种要素协调发展的问题。研究城市化发展的学者，主要是从城市内部系统的改变对城市化质量的影响、城市化质量与经济发展之间的关系、推动城市化质量提升的机制、城市化质量提升进程中存在的不足等开展研究，指出虽然我国城市化发展比较快，但城市化质量与经济发展速度还有一定的差距。城市化质量的提升受第三产业的影响是巨大的，城市化质量的稳定提升要把工业与第三产业相结合起来。从西北地区城市化质量提升过程来看，有以下几方面的特点：第一，城市化质量正在快速提升；第二，城市化质量相对于东部城市还有不同程度的差距；第三，城市化质量不高，城市与农村发展差距很大，收入存在很大的不均衡，各种社会问题在城市化发展的进程中不断积累。

二 西北地区城市化的特点及主要问题

（一）西北地区城市化特点

1. 发展重工业是城市化的主导路线

西北地区城市化的主要特点是以发展重工业为主导路线。西北地区是全国重工业发展的重要区域。改革开放以来，随着中国经济的快速发展，西北地区的城市化水平得到了有效的提高，城市数量增加、城市规模扩大。在全国范围来看，城市外部发展有很大的飞跃，与沿海城市的差距正在逐渐缩小，但是内部发展与沿海城市的差距并没有明显减少。例如，城市的基础设施不够全面，生态环境遭到严重破坏，就业人数过少等。

2. 城市化发展水平差异明显

城市化的发展受地域差异性的影响。西北地区面积大，各个地区的发展条件差异明显，土地质量、水资源的丰富程度等差异巨大，从而形成了城市化发展水平的地域性差距，导致城市化的发展很难推进。从西北地区整体来看，东部城市化发展最好，中部次之，西部城市化水平最低。

（二）西北地区城市化发展中存在的主要问题

1. 人口城市化增速缓慢

近年来，西北地区城市化水平提高，但西北地区人口城市化水平始终低于全国人口城市化平均水平。1995—2005 年，西北地区总人口比重提高了 5.62%，而城镇人口增加了 2.43%。到 2013 年年末，西北地区的常住人口为 9683.78 万，占全国总人口的 7.23%，其中城镇人口为 4478 万，占全国城镇人口的 6.29%。由此可以看出，西北地区人口城市化的增长速度低于全国水平。

2. 城市化率低

自 2005 年至今，西北地区中型和大型城市数量增加，并保持较为稳定的态势。其中城市人口处于 80 万—100 万的大城市增加了 2 个，城市人口处于 30 万—50 万的中型城市增加了 5 个。西北地区整体的城市化发展还较为落后，城市总数少，城市之间的发展不平衡。

三　西北地区城市化质量特征及空间差异

（一）西北地区城市化质量特征

1. 指标体系和研究方法

（1）指标体系的构建。从城市化质量的含义出发，根据指标的系统性、科学性和数据的可获得性，共选取了 8 个指标，分别从经济发展质量、基础设施质量、就业质量、居民生活质量、社会发展质量、生态发展质量、用地质量、教育质量 8 个方面评价西北地区五个省份的 20 个地级及以上城市的城市化质量。评价指标体系见表 6-6。

表 6-6　　　　西北地区城市化质量评价指标体系

评价内容	评价指标
经济发展质量	地区生产总值
基础设施质量	道路面积
就业质量	从业人员期末人数
居民生活质量	职工年平均工资收入
社会发展质量	城镇职工养老保险参保人数
生态发展质量	绿地面积

续表

评价内容	评价指标
用地质量	城市建设用地面积
教育质量	普通高等学校数量

（2）研究方法。熵值法的计算步骤：①构建原始指标数据矩阵；②数据标准化处理；③计算指标值的比重；④计算指标的熵值；⑤计算评价指标的差异性系数；⑥计算评价指标的权重；⑦计算各城市的城市化质量评价值。

（3）计算结果。权重计算结果见表6-7，城市化质量评价值见表6-8。

表6-7　　　　　　　　　各指标对应权重

指标	地区生产总值	道路面积	从业人员期末人数	职工年平均工资收入	城镇职工养老保险参保人数	绿地面积	城市建设用地面积	普通高等学校数量
权重	0.11	0.15	0.19	0.15	0.12	0.14	0.10	0.04

表6-8　　　　　　　　　城市化质量评价值

城市	综合得分	排名
西安	0.93	1
乌鲁木齐	0.52	2
兰州	0.32	3
银川	0.24	4
咸阳	0.19	5
西宁	0.14	6
宝鸡	0.13	7
克拉玛依	0.13	8
渭南	0.10	9
石嘴山	0.08	10
铜川	0.07	11
天水	0.05	12

续表

城市	综合得分	排名
嘉峪关	0.05	13
白银	0.05	14
金昌	0.04	15
中卫	0.03	16
固原	0.03	17
海东	0.03	18
吴忠	0.02	19
武威	0.02	20

2. 西北地区城市化质量评价

根据表6-8可以看出，西安得分最高，分数是0.93；其次是乌鲁木齐，分数是0.52。从第三位到第五位的分别是兰州、银川、咸阳，得分分别是0.32、0.24和0.19。得分最低的是海东、吴忠，分数都是0.02。这20个城市的城市化质量得分有明显的差距，表明各个城市的城市化发展参差不齐。西北五省份中甘肃、新疆的城市化发展较为落后，青海、宁夏的城市化发展较好。

（1）西北地区城市化质量分级。通过对各城市的城市化质量得分进行标准化，对各城市的城市化质量进行分级，标准化公式为：

$$Dis = \frac{UQ_i - \overline{UQ}}{\sigma} \quad (6-1)$$

式中，UQ_i 为城市 i 的城市化质量得分，$\overline{UQ_i}$ 为城市化质量得分平均值，σ 为标准差。

将20个城市划分为6个等级，见表6-9。

表6-9　　　　　西北地区城市化质量分级统计　　　　单位：个

等级	一级	二级	三级	四级	五级	六级	合计
城市数量	2	5	2	2	5	4	20
占比（%）	10	25	10	10	25	20	100

从表6-9可以看出，一级城市占10%，二级城市占25%，三级城市占10%，四级城市占10%，五级城市占25%，六级城市占20%。五级和二级城市占比最高。排在第二的是六级城市。将这六个级别的城市分为两组，四级、五级、六级城市数量共占总数的55%。从数量的角度看，二级、五级城市数量均为5个。一级城市、三级城市和四级城市的数量分别为2个。可以看出，很多城市属于城市化质量很低的级别，城市化质量整体不高，各个级别中城市化质量并不平衡。

（2）城市化质量差距明显。根据城市化质量的总体得分和每项评价内容之间的关联程度，判断城市化水平高的城市每项指标是不是达到相应的水平及得分低的城市发展存在的不足，可以更好地分析城市化质量高低不同的城市存在哪些问题，这些问题中又有哪些是亟待解决的。

对六个级别城市的城市化质量得分分别求平均值，这样可以分析出各个级别城市在城市化质量上的差别。六个级别城市的城市化质量平均分从高到低的顺序是0.725、0.202、0.096、0.079、0.056和0.028。将最低分0.028作为基数，进行比较，一级城市为25.89倍，二级城市为7.21倍，三级城市为3.43倍，四级城市为2.82倍，五级城市为2倍。可以看出，各个城市之间的差别还是很大的，城市中质量高与低的城市分散分布。

（二）西北地区城市化质量的空间差异

按从东向西的地理分布顺序对西北地区20个城市进行分类，从表6-10可以看出不同区域之间的差别。

表6-10　　　西北地区东部、中部、西部各级别城市占比　　　单位:%

区域	一级	二级	三级	四级	五级	六级
东部	50.0	40.0	50.0	50.0	20.0	0.0
中部	0.0	20.0	50.0	50.0	40.0	50.0
西部	50.0	40.0	0.0	0.0	40.0	50.0

西北地区东部的一级城市是西安,二级城市是兰州、咸阳,三级城市是宝鸡,四级城市是渭南,五级城市是铜川。一级城市、三级城市、四级城市在东部占比很大。中部二级城市是西宁,三级城市是天水,四级城市是嘉峪关,五级城市是金昌和白银,六级城市是武威和海东,三级城市和四级城市在中部占比和东部一致。西部的一级城市是乌鲁木齐,二级城市是克拉玛依和银川,五级城市是石嘴山和吴忠,六级城市是固原和中卫,五级城市和六级城市在西部占比较大。城市化质量的差距很突出,城市化质量以东部、中部、西部的顺序依次降低。因此,要根据不同城市自身所存在的问题以及发展特点来制定和实施政策与措施,从而促进不同城市质量的提升。

四 结论与建议

(一) 主要结论

1. 城市化质量整体不高

西北地区城市化综合得分在 0.1 以上的城市有 9 个,0.1 以下的城市有 11 个。西安、乌鲁木齐与海东、武威两极分化尤为突出,西北地区城市化质量较低。很多城市处在中下等的水平。

2. 城市化质量不均衡

居民生活质量、基础设施和经济发展质量等发展明显滞后。西安虽然综合得分很高但是就业水平、教育质量得分不高。乌鲁木齐隶属第一级别,但基础设施投入不全面,使城市化发展受到严重的阻碍。城市化质量提升需多方面投入,均衡发展。

3. 城市不是越大越好

市辖区人口规模不能用来代表城市规模,因为规模与城市化质量没有正比关系,很多大规模城市的城市化质量低于人口规模小的城市的城市化质量。比如银川的人口规模小于克拉玛依,但是前者的城市化质量就远好于后者。这一点说明城市化质量提升需要因地制宜,不能盲目跟别的城市采用同样的发展策略。规模的大小不是唯一体现城市化发展好坏的标准,居民生活质量的提高才是核心。

4. 城市化质量空间差异明显

西北地区一级、二级、三级城市数量在东部的占比远远大于中部、西部,三级和四级城市集中在中部,西部则以五级和六级城市为主。

5. 城市化质量的高低呈"群"状分布

对西北地区20个地级及以上城市中城市化质量得分较高城市的分布特点进行分析,可以发现,这些城市都是呈"群"状分布。城市化得分高的城市基本都在西北地区的东部。而城市化质量得分低的城市基本都在西北地区的西部,这就说明城市化质量的提升不能就靠单个城市,而是要加强和周围城市的沟通与互动,形成城市群,取长补短,发挥自身的优势,加快城市化质量提升。

(二)建议

城市聚集则城市化质量高,拉动力强,城市迅速发展;反之,区域发展会在未来受到约束,城市发展不可持续。加快城市化进程的重要前提和保障是提高城市化质量,高质量城市化是实现城市可持续发展,拥有优越的社会体系和良好生态环境的重要保障。

1. 加大基础设施投入

基础设施投入量的大小决定城市化质量是否能够提升。西安、兰州、乌鲁木齐的基础设施仍低于全国平均水平,需要加以改善。自改革开放以来,西北地区一直都是把发展重工业作为优先发展路线,投入大量的资金发展重工业。近年来,国家构建了以减缓重工业发展,增加产出为核心的政策框架和制度安排,推行"注重积累,减少消费"的策略。基础设施建设有投资大、回收期长、收益低的特点,所以需要政府继续将基础设施的投资作为城市化质量提升的第一支撑点。最近几年来,西北地区各个城市的基础设施建设投资力度逐步加大,但财力有限,有必要扩大融资渠道,吸引民间投资基础设施建设。

2. 加快调整经济结构

制约城市化质量的主要因素之一是经济发展质量,既要提升经济总量还要完善经济运行机制。一方面,各地政府要坚持把经济建设作为城市发展的中心任务,大力发展地方经济;另一方面也要注重经济效率的提高,尤其是工业经济效率的提高,努力提高工业化的质量,提升第三产业比重。

3. 加快生态环境的改善

西北地区工业占比较大，随着城市化的发展，有些城市陷入"两难"困境，例如资源枯竭和生态环境恶化，工业废水无序排放，土地污染严重，地下水过度开采，绿色植被大量减少，气候环境严重变差。总体来看，随着经济快速发展和人口不断增加，西北地区能源、水、土地、矿产等资源不足的矛盾越来越突出，环境污染不断加剧，这些都严重制约城市的可持续发展。因此，城市化发展路线要与节约资源、保护环境的要求相结合。如加强对企业排污设施的管理与设置、加大力度恢复和改造已遭到破坏的各种自然因素、加大推广节能与环保新技术的使用力度等。

4. 加强城市之间的交流

城市化质量高的城市，要把自身的发展经验分享给周围城市化质量低的城市。各城市要根据自身地理环境和城市化发展方向，发挥比较优势，取长补短。城市之间加强交流，互帮互助，缩小各城市之间的质量空间差异。

总之，本节运用熵值法，测度西北地区20个地级及以上城市的城市化质量。研究结果表明，20个地级及以上城市的城市化质量存在明显的空间差异。在此基础上，分析影响西北地区城市化质量及空间差异的主要原因，并提出提高城市化质量和缩小空间差异的建议和措施。但是，由于数据的可获得性较差，相关指标不够全面，希望在今后研究中进一步完善指标体系。

第三节 产业园区空间生产力差异：
以西北地区为例

从1951年世界上第一个产业园区建立至今，产业园区发展迅速，它们不仅带来了巨大的经济效益和社会效益，而且还带动了城市、各个地区以及国家的经济和社会的发展，世界各国认识到了产业园区的重要性，并纷纷效仿。为了能够更快跟上世界经济强国发展的步伐，我国各地也陆续建立产业园区，推动经济快速发展。随着2013年"一带一路"倡议的提出，西北地区需要发展产业园区，以产业园区为平台，积极承接产业，引进外资，形成产业集聚，实现与相关国家的经济对接。那么西北地区各产业园区空间生产力如何？是否存在区域差异？

本节用传统理论方法，从空间生产力的内涵出发，以西北地区为例，以国家级产业园区为研究对象，测度其空间生产力，进而为相关部门制定政策，发挥产业园区对区域经济增长的带动和示范作用，提供参考依据。

一　西北地区产业园区发展概况

（一）国家级产业园区发展概况

企业带动经济发展，是地区实现经济增长的关键因素之一。产业园区建立的目的是腾出空间让企业进入园区发展，并在政府政策的推动下，以企业作为经济发展的主体，而不是以政府主导的管理模式来刺激经济需求。产业园区有多种形式，比如高新技术开发区、经济开发区、工业园等。

2013年年底，全国拥有482家国家级产业园区，其中高新技术开发区114家、经济开发区215家、出口加工区63家、边境经济合作区16家、保税区13家，其他园区61家。国家经济开发区和高新技术开发区这两大类园区的GDP合计达到132127亿元，占全国GDP的近1/4（23.2%）；合计工业总产值为351959亿元，超过全国工业总产值的1/3；合计上缴税收21975亿元，占全国上缴税收的近1/5（19.9%）；合计出口创汇8197亿美元，超过全国出口创汇的1/3（37.1%）。由此可见，全国产业园区对全国GDP增长的贡献突出。

下面选取西北地区五个省会城市，即西安、兰州、西宁、银川、乌鲁木齐，分别计算2007年和2012年每个城市的国家级经济技术开发区（产业园区）GDP占各城市GDP的比重（见图6-1）。

从图6-1来看，产业园区GDP占比较稳定。2007年和2012年，兰州经济技术开发区占兰州GDP的比重从4%升至6%；银川经济技

第六章 西部地区经济空间差异的案例研究 | 111

(a) 2007年兰州　　4%／96%
(b) 2012年兰州　　6%／94%
(c) 2007年西安　　10%／90%
(d) 2012年西安　　14%／86%
(e) 2007年西宁　　18%／82%
(f) 2012年西宁　　33%／67%
(g) 2007年银川　　9%／91%
(h) 2012年银川　　9%／91%
(i) 2007年乌鲁木齐　　7%／93%
(j) 2012年乌鲁木齐　　24%／76%

□经济技术开发区　■其他

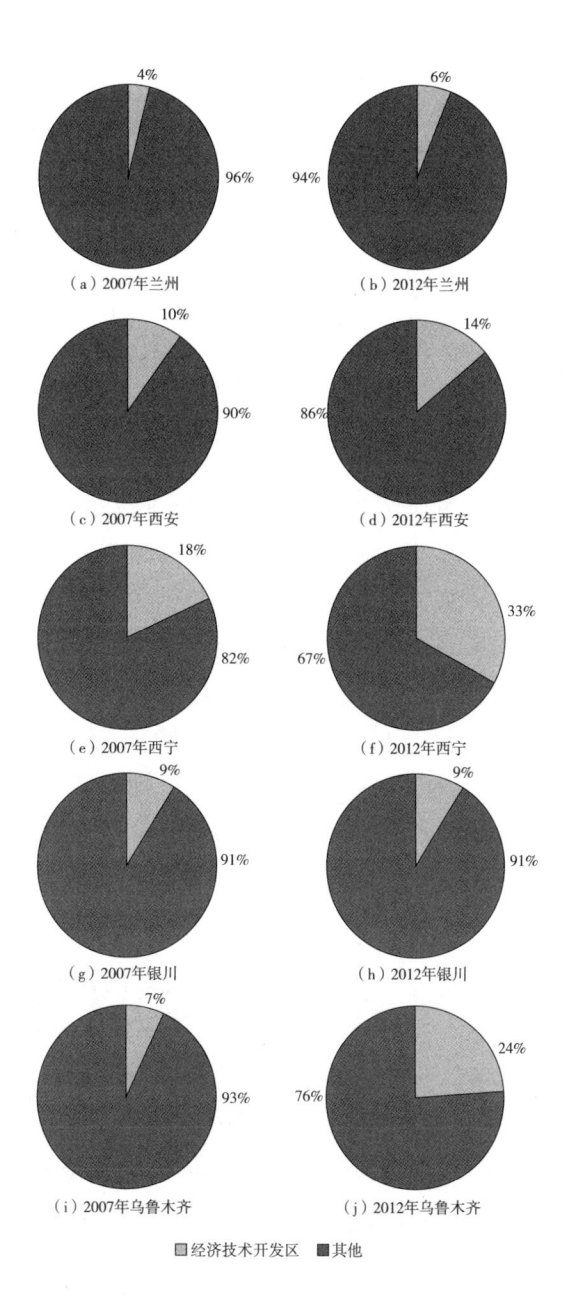

图6-1　2007年和2012年西北地区五省会城市国家级经济开发区GDP占各市GDP的比重

资料来源：各省份统计年鉴（2008年和2013年）和《中国开发区年鉴》（2008年和2013年）。

术开发区GDP的比重没有变化，均为9%；西安经济技术开发区从10%增长至14%；西宁经济技术开发区和乌鲁木齐经济技术开发区GDP比重分别从18%升至33%、7%升至24%，增长幅度较大。除银川外，其他4个城市的产业园区产值占比稳步增长。由此可见，产业园区已成为各地区实现经济增长不可或缺的一部分。

进一步分析，各城市产业园区成立时间不同，经济效益的差异较大。5个省会城市中，兰州、西安和乌鲁木齐的产业园区先后成立于1993—1994年，成立时间较早；西宁和银川分别于2000年和2001年成立产业园区，成立时间较晚，可能因为投入使用时间较短，这两个城市的产业园区产生的经济效益占GDP的比重略低。

（二）省级产业园区发展概况

西北地区省级产业园区有6个，分别是西安韦曲高新技术产业园区、青海生物科技产业园区、宁夏灵武羊绒产业园区、宁夏宁东化工产业园区、宁夏同心羊绒产业园区、新疆鄯善化工产业园区。

这几个产业园区的发展前景都不错，青海生物科技产业园区于2002年建立，发展迅速，特别是"十一五"期间，高新区生产总值年均增长57%，工业增加值年均增长74%，聚集了全省28%的高新技术企业，2011年升为国家级产业园区。

宁夏灵武羊绒产业园区于2003年成立。其中2009年实现产值55亿元（同比增长22%），工业增加值21亿元，税收2328万元，利润38489万元，出口创汇6500万美元，累计解决就业8000余人。也因其发展迅速，在2010年被国家批准为国家级产业园区。宁东化工产业园区，着重于化工能源方面，截至2011年年底，宁东化工产业园区累计完成固定资产投资1700余亿元，年均增幅40%；新增就业岗位近3万个，实现工业增加值161亿元，实现税收30亿元，目前还是省级产业园区。同心羊绒产业园区于2003年4月由宁夏发改委审核批准，2003年5月开工建设。其中，2009年实现工业增加值1.7亿元，利润6000多万元，税金1500万元，安置劳动力1000余人。

新疆鄯善产业园区是2003年3月20日经新疆人民政府批准设立的省级园区。2007年，园区完成工业总产值122.47亿元，同比增长

7.55亿元，其中完成工业产值11.65亿元，同比增加2.43亿元；完成地方属工业产值8.27亿元，同比增加2.71亿元。该产业园区发展速度相对较快，2015年8月经批准设立鄯善高新技术产业开发区，享受自治区级高新区相关政策。

陕西西安韦曲高新科技产业园，自2000年8月启动以来，已投入资金2000多万元，全面启动了基础设施建设。此项目总投资约30亿元，占地3000亩，是一个以生物医学、绿色食品、电子信息、高效节能等为主的高科技产业区。

二 西北地区国家级产业园区空间生产力差异分析

国内最先提出空间生产力这一概念并进行阐述的是卢嘉瑞，他提出空间生产力具有三维性，利用好这三维的意义，才能合理配置空间资源（空间资源包括空间物质资源、空间广度资源和空间布局资源）。许多学者将土地作为一个单独的生产要素计算空间生产力，这里的土地是指专门用于经济活动的土地。土地生产力即单位面积产生的GDP。石晓燕（2009）使用GIS模型进行空间生产力模拟分析，运用GIS系统加入空间生产力参数并得出相应结论，对产业园区建设提出相关建议。刘双（2013）也采用了GIS模型研究空间生产力，不同之处是在总结了样本监测和评估、大尺度样本生产力实测数据空间算法和NPP模型等方法基础上，使用GIS对样本生产力的估计结果进行了分析。王平（2015）对空间生产力的描述则利用了统计学方法，对典型黑土区坡耕地大豆产量与土壤有机质、全氮、海拔高度的空间关系进行分析。乔一飞（2013）根据新古典增长理论、区域非均衡发展理论和新经济地理学，运用了TW空间极化指数化的面板数据，参考β条件收敛模型，研究了空间极化与区域经济增长的关系；Louw等（2012）认为，对空间生产力的研究即对产业用地空间生产力的区域研究。

（一）研究方法与数据来源

研究对象为国家级产业园区。数据来源于《中国高技术产业统计年鉴》（2004—2014）。各省份国家级产业园区GDP见表6-11。

表6-11　　2003—2013年西北地区国家级产业园区GDP　　单位：亿元

年份	陕西	甘肃	青海	宁夏	新疆
2003	358.53	45.26	5.48	10.63	4.85
2004	404.78	50.46	6.15	11.82	5.40
2005	455.78	56.41	6.90	13.10	5.99
2006	512.75	62.90	7.74	14.77	6.65
2007	587.61	70.64	8.7	16.65	7.46
2008	679.28	77.78	9.81	18.68	8.28
2009	771.66	85.79	10.80	20.90	8.95
2010	884.33	95.91	12.46	23.72	9.90
2011	1007.25	107.90	14.14	26.59	11.09
2012	1137.18	121.49	15.88	29.69	12.42
2013	1262.28	134.62	17.59	32.56	13.78

（二）空间生产力计算

各省份高新技术开发区的面积，陕西243.74平方千米，甘肃190.82平方千米，青海4.03平方千米，宁夏9.967平方千米，新疆43.8平方千米。相关数据代入式（6-2），计算得到2003—2013年西北地区国家级产业园区的空间生产力值（见表6-12）。

$$空间生产力 = 园区 GDP/面积 \qquad (6-2)$$

其中，GDP折算为基期（以2003年为基年）的实际值。

表6-12　　2003—2013年西北地区国家级产业园区的空间生产力

年份	陕西	甘肃	青海	宁夏	新疆
2003	1.47	0.24	1.36	1.07	0.11
2004	1.64	0.26	1.51	1.16	0.12
2005	1.88	0.29	1.73	1.32	0.14
2006	2.11	0.33	1.93	1.48	0.15
2007	2.34	0.36	2.06	1.61	0.16
2008	2.69	0.38	2.26	1.76	0.18
2009	3.23	0.45	2.67	2.12	0.20

续表

年份	陕西	甘肃	青海	宁夏	新疆
2010	3.58	0.49	2.99	2.32	0.22
2011	4.01	0.54	3.37	2.55	0.24
2012	4.66	0.63	3.90	2.97	0.27
2013	5.16	0.69	4.29	3.21	0.30
平均值	2.98	0.42	2.55	1.96	0.19
标准差	1.25	0.15	0.98	0.73	0.06

（三）空间生产力差异

从表6-12可看出，甘肃和新疆的产业园区空间生产力相对稳定，11年空间生产力数值变化不大。甘肃投入的产业园区面积为190.82平方千米，规模远大于新疆，产生的经济效益略高于新疆；新疆投入的产业园区面积为43.8平方千米，且空间生产力与甘肃持平。两者的标准差都很小，这11年两地区的空间生产力波动幅度较小，增长平缓。陕西、青海、宁夏产业园区空间生产力的标准差都比较大。其中，陕西和宁夏围绕平均值缓慢增长；青海增速较快，产业园区面积仅有4.03平方千米，园区产生的经济效益较高；陕西的产业园区面积大，产生的经济效益较高。

三 西北地区产业园区空间生产力影响因素分析

（一）模型及变量的选择

选取影响空间生产力的变量如下：Y1空间生产力，X1城市化率，X2就业率，X3就业密度（园区就业人口/园区面积），X4资本投入（园区固定资本存量/园区面积）。

选取固定影响下的变系数模型进行分析。

（二）模型估计结果

借助Eviews 6.0计算得到固定影响下的变系数模型，估计结果如表6-13所示。

表 6-13　　　　　　　固定影响下的变系数模型估计结果

省份		城市化率	就业率	就业密度	资本投入
陕西	系数	48.1429	2.7286	11.1126	0.3289
	t 值	7.3784	0.5306	0.3029	0.8119
	P 值	0.0000	0.5995	0.7640	0.4232
甘肃	系数	7.4865	-0.6134	27.1885	0.7801
	t 值	2.3286	-1.6585	1.7905	6.3759
	P 值	0.0268	0.1076	0.0835	0.0000
青海	系数	25.4208	-4.1753	21.1762	-0.0650
	t 值	6.6732	-0.7475	0.9154	-0.2567
	P 值	0.0000	0.4606	0.3672	0.7991
宁夏	系数	28.9601	3.6413	-24.3122	0.8362
	t 值	2.2702	0.3582	-0.3415	1.8533
	P 值	0.0305	0.7227	0.7351	0.0737
新疆	系数	-3.4219	-0.0287	5.9921	0.0883
	t 值	-4.3803	-0.2719	1.7874	1.5127
	P 值	0.0001	0.7875	0.0840	0.1408
R^2		0.9922			
调整的 R^2		0.9770			

（三）结果分析

由模型估计结果可知：影响陕西产业园区空间生产力的因素为城市化率，其 P 值 = 0.0000，在显著性水平 0.1 下通过检验；甘肃城市化率的 P 值 = 0.0268、就业密度的 P 值 = 0.0835 和资本投入的 P 值 = 0.0000，在显著性水平 0.1 下通过了检验；青海城市化率的 P 值 = 0.0000，通过了显著性水平 0.1 下的检验；宁夏城市化率的 P 值 = 0.0305 和资本投入的 P 值 = 0.0737，均在显著性水平 0.1 下通过了检验；新疆城市化率和就业密度两个变量在显著性水平 0.1 下通过了检验。

城市化率是陕西空间生产力的影响因素。如果就业率、就业密度和资本投入都不变，城市化率每增加 1 个单位，则空间生产力会平均增加 48.1429 个单位。陕西的国家级产业园区较多,发展的时间比较长,城市化率和空间生产力为正比关系。

城市化率、就业密度和资本投入是甘肃产业园区空间生产力的影响因素。如果就业率和就业密度、资本投入都不变,甘肃城市化率每增加 1 个单位,则空间生产力会平均增加 7.4865 个单位。其他 3 个变量如果不变,就业密度每增加 1 个单位,则空间生产力会平均增加 27.1885 个单位;其他 3 个变量如果不变,资本投入每增加 1 个单位,则空间生产力会平均增加 0.7801 个单位。甘肃城市化进程发展速度较快,城市化率和资本投入与空间生产力成正比关系。就业密度与空间生产力成反比,就业密度越大反而会减少空间生产力。

城市化率是青海产业园区空间生产力的影响因素。如果就业率、就业密度和资本投入都不变,城市化率每增加 1 个单位,则空间生产力会平均增加 25.4208 个单位。

城市化率和资本投入是宁夏产业园区空间生产力的影响因素。如果就业率、就业密度和资本投入都不变,城市化率每增加 1 个单位,则空间生产力会平均增加 28.9601 个单位。同理,如果城市化率、就业率和就业密度都不变,资本投入每增加 1 个单位,则空间生产力会平均增加 0.8362 个单位。

宁夏的情况和青海的情况相似,国家级产业园区成立较晚。第一,在小面积内的大量资本投入是合理的。第二,城市化进程跟空间生产力呈正比影响,产业园区作为增长极在发展的时候,会产生扩散效应,带动城市经济。

城市化率和就业密度是新疆产业园区空间生产力的影响因素。如果就业率、就业密度和资本投入都不变,城市化率每增加 1 个单位,则空间生产力会平均减少 3.4219 个单位,同理,如果城市化率、就业率和资本投入都不变,就业密度每增加 1 个单位,则空间生产力会平均增加 5.9921 个单位。

四 结论与讨论

采用固定影响下的变系数模型分析得到影响西北地区空间生产力差异的因素:城市化率、就业密度和资本投入。陕西、甘肃、青海和宁夏的产业园区空间生产力与城市化率成正比，新疆成反比。就业密度对甘肃和新疆的影响略大，且与空间生产力成正比，产业园区需要大量员工和科研人员；就业密度不会影响陕西空间生产力。资本投入对甘肃和宁夏产业园区空间生产力的影响较大。甘肃的国家级产业园区成立时间晚，面积大，需要大量的资本投入，宁夏的国家级产业园区成立更晚，也需要更大的资金推进产业园区的发展，所以两地区产业园区的空间生产力受到资本投入的影响。陕西人才多，面积大，产业园区成立时间早，所以资本投入影响不大。

总之，产业园区能够带动地区经济发展。各政府部门在优化产业园区营商环境的同时，应注重针对每个地区的产业园区发展目标与定位，推行相关政策促进空间生产力提升。

第七章　西部地区城市经济联系的空间分析及优化

第一节　城市经济联系测度方法

区域间的联系强度标志着地区发展的状况，经济联系强度是在距离和空间的基础之上引出的一个抽象的概念，可以反映城市间的经济联系。本章从经济联系强度的角度出发，根据地理特征，将西部地区分为西北和西南两个板块，以地级及以上城市为研究单元，首先算出城市间的经济距离，然后算出城市间的经济联系强度，再建立场强模型，计算城市流强度。结合实证分析结果，指出西部地区城市经济联系存在的问题，探讨提高西部地区中心城市经济辐射力的优化方案。

一　测度经济联系强度的方法

计算出各城市与中心城市的经济距离为 J，公式如下：

$$J = \alpha \cdot \beta \cdot D \tag{7-1}$$

式中，D 为公路距离，α 和 β 为修正权数。

经济距离基于公路距离指标，通过两次修正获取。其中，α 为由城市间交通决定的通勤距离修正权数（第一次修正），公路与铁路为城市间主要交通方式，故取值为 0.7；β 为城市群各城市与中心城市人均生产总值的比值所决定的经济落差修正权数（第二次修正），若各城市与中心城市人均生产总值之比小于 0.45，β 则取值 1.2，若这一比值大于 0.7，则 β 取值 0.8，若这一比值介于 0.45 和 0.7 之间，则 β 取值 1.0。

计算经济联系强度 R_{ij} 和场强 C_{ij}，公式如下：

$$R_{ij} = (\sqrt{P_i G_i} \times \sqrt{P_j G_j})/D_{ij}^2 \quad (7-2)$$

$$C_{ij} = R_{ij}/D_{ij} \quad (7-3)$$

式中，P_i 和 P_j 为两城市市区人口数；G_i 和 G_j 为两城市市区生产总值（GDP）；D_{ij} 为两城市经济距离。

二 测度城市流强度的方法

首先，基于5个省份各城市的第一、第二和第三产业从业人员数量指标计算 i 城市 j 产业区位熵。

$$LQ_{ij} = \frac{Q_{ij}/Q_i}{Q_j/Q} \quad (i=1, 2, \cdots, n; j=1, 2, 3) \quad (7-4)$$

式中，Q_{ij} 为 i 城市 j 产业从业人员数量；Q_i 为 i 城市从业人员数量；Q_j 为全国 j 产业从业人员数量；Q 为全国总从业人员数量。

如果 $LQ_{ij} < 1$，则 i 城市 j 产业不存在外向功能量；如果 $LQ_{ij} > 1$，则 i 城市 j 产业存在外向功能量，这说明 j 产业占 i 城市总从业人口的比重超过全国平均水平，即 i 城市的 j 产业专业化水平较高，有能力为城市边界外的区域提供服务。

其次，计算 i 城市 j 产业的外向功能量：

$$E_{ij} = Q_{ij} - Q_i(Q_i/Q) \quad (7-5)$$

相应地，i 城市 m 个产业总的外向功能量 E_i 为：

$$E_i = \sum_{j=1}^{m} E_{ij} \quad (7-6)$$

再次，将 i 城市的功能效益 N_i 用人均从业人员的GDP（S_i）表示为：

$$N_i = S_i/Q_i \quad (7-7)$$

最后，得到模型：

$$F_i = N_i E_i = (S_i/Q_i) E_i = S_i(E_i/Q_i) = S_i K_i \quad (7-8)$$

式中，F_i 为城市流强度；N_i 为城市功能效益；E_i 为城市外向功能量；K_i 为城市总功能量中外向功能量的占比，反映了 i 城市总功能量的外向程度，即城市倾向度。

第二节　西北地区城市间经济联系测度及优化

西北地区的总体城市化率较低，制约了西北地区经济的增长。近年来国家西部大开发战略的实施，在一定程度上加快了西北地区城市化的进程。在城市化发展进程中，经济发展必然伴随空间结构的变化，关注城市间经济联系可以更好地实现经济可持续发展。城市流强度是表征城市对外服务功能的量化指标，描述城市对外联系强弱。城市流强度是城市能否健康发展的重要因素之一。本节选取陕西、甘肃、宁夏、青海和新疆5省份的31个地级及以上城市，利用2014年的相关数据（数据均来源于《中国城市统计年鉴》），测算城市联系强度和城市流强度，分析西北地区各地级及以上城市的经济联系现状及存在的问题，提出城市空间结构协调发展的优化路径。

一　西北地区各省份地级及以上城市间经济联系测度及评价

采用经济距离这一指标测定联系强度。运用式（7-1）、式（7-2）、式（7-3）算出各省份城市的经济距离、经济联系强度和场强。[①]

（一）甘肃城市经济联系强度测度及评价

甘肃城市经济联系强度和场强如表7-1所示。

表7-1　甘肃各城市与中心城市兰州的经济联系强度和场强

城市	城市市区人口（万人）	城市市区GDP（亿元）	经济距离（千米）	经济联系强度	场强
嘉峪关	20.0	226.2	406.6	0.3	0.0
金昌	46.9	252.0	202.6	2.1	0.0
白银	177.0	463.3	52.7	83.3	1.6

---

① 经济联系强度单位为亿元·万人/平方千米，场强单位为亿元·万人/立方千米，为表述方便，文中不加单位。

续表

城市	城市市区人口（万人）	城市市区GDP（亿元）	经济距离（千米）	经济联系强度	场强
天水	378.0	454.3	258.4	5.0	0.0
武威	188.5	381.2	228.2	4.2	0.0
张掖	131.3	336.0	352.9	1.4	0.0
平凉	231.9	341.0	276.0	3.0	0.0
酒泉	110.8	641.9	396.8	1.4	0.0
庆阳	264.1	605.4	343.7	2.7	0.0
定西	300.1	252.2	88.6	28.4	0.3
陇南	282.8	249.5	363.4	1.6	0.0

资料来源：根据相关年度的《中国城市统计年鉴》数据计算而得。

由表7-1可以看出，各城市与中心城市（省会城市）兰州的经济距离中，嘉峪关的经济距离最远，约为406.6千米，其次是酒泉，经济距离为396.8千米，陇南为363.4千米，张掖为352.9千米，庆阳为343.7千米，平凉、天水、武威、金昌、定西、白银的经济距离较近，白银离中心城市兰州的经济距离最近，为52.7千米。从经济联系强度看，与兰州经济联系最强的是白银，为83.3，远高于其他城市，定西的经济联系强度为28.4，仅次于白银，再次是天水，为5.0。其他城市的经济联系强度相差不太大，都在0.3—4.2，最弱的是嘉峪关，只有0.3。在场强方面，白银的场强为1.6，其他城市都在1.0以下，最弱的是嘉峪关，不足0.1（0.0008）。所以，甘肃城市之间的场强联系还是比较薄弱的。

（二）宁夏城市经济联系强度测度及评价

宁夏城市经济联系强度和场强如表7-2所示。

由表7-2可以看出，固原离中心城市银川最远，经济距离为282.9千米。其次是中卫，达到172.7千米，接着是吴忠，达到59.1千米，石嘴山距离银川的经济距离最近，为54.6千米。从经济联系强度来看，石嘴山的经济联系强度最大，为19.5；其次是吴忠，为13.5；再次是中卫，为1.6；固原最弱，只有0.5。石嘴山场强最强，达 0.4；其次是吴忠，达 0.2；再次是中卫，不足 0.01（0.009）；固原最弱，接近 0（0.002）。

表 7-2 宁夏各城市与省会城市银川的经济联系强度和场强

城市	城市市区人口（万人）	城市市区 GDP（亿元）	经济距离（千米）	经济联系强度	场强
石嘴山	76.6	322.4	54.6	19.5	0.4
吴忠	143.7	113.8	59.1	13.5	0.2
固原	154.2	78.0	282.9	0.5	0.0
中卫	121.5	134.8	172.7	1.6	0.0

资料来源：根据相关年度的《中国城市统计年鉴》数据计算得到。

（三）陕西城市经济联系强度测度及评价

陕西城市经济联系强度和场强如表 7-3 所示。

表 7-3 陕西各城市与省会城市西安的经济联系强度和场强

城市	城市市区人口（万人）	城市市区 GDP（亿元）	经济距离（千米）	经济联系强度	场强
铜川	85.6	322.0	52.6	119.3	2.3
宝鸡	385.6	1545.9	120.8	105.0	0.9
咸阳	533.2	1860.4	19.6	5174.5	264.7
渭南	569.8	1349.0	54.2	592.6	10.9
延安	237.8	1354.1	169.3	39.3	0.2
汉中	386.2	881.7	228.6	22.2	0.1
榆林	377.0	2846.8	318.6	20.3	0.1
安康	308.3	604.6	185.3	25.0	0.1
商洛	250.6	510.9	101.3	69.2	0.9

资料来源：根据相关年度的《中国城市统计年鉴》数据计算得到。

从表 7-3 看出，与中心城市西安经济距离最近的是咸阳，达到 19.5 千米；其次是铜川，约为 52.6 千米；距离最远的是榆林，达

318.6千米。从经济联系强度来看,咸阳与西安的经济联系强度最大,为5174.5,远远超过其他城市;其次是渭南市,为592.6;再次是铜川、宝鸡、商洛、延安、安康、汉中;最后是榆林。它们的经济联系强度依次为119.3、105.0、69.2、39.3、25.0、22.2、20.3。场强方面,咸阳的场强最大,为264.7,超过其他城市。除渭南和铜川的场强是10.9和2.3之外,其他城市都低于1.0;榆林最弱,约为0.1(0.06)。

(四)青海城市经济联系强度测度及评价

由表7-4可以看出,由于青海只有西宁与海东两个地级及以上城市,海东与西宁的经济距离仅有24.92千米,经济联系强度为181.8,场强为7.3。

表7-4　青海各城市与省会城市西宁的经济联系强度和场强

城市	城市市区人口（万人）	城市市区GDP（亿元）	经济距离（千米）	经济联系强度	场强
海东	170.5	337.0	24.9	181.8	7.3

资料来源:根据相关年度的《中国城市统计年鉴》数据计算得到。

(五)新疆城市经济联系强度测度及评价

从表7-5可以看出,克拉玛依与中心城市乌鲁木齐的经济距离为176.1千米,经济联系强度为441.2,场强为2.5。

表7-5　新疆各城市与省会城市乌鲁木齐的经济联系强度和场强

城市	城市市区人口（万人）	城市市区GDP（亿元）	经济距离（千米）	经济联系强度	场强
克拉玛依	37.90	853.11	176.12	441.16	2.50

资料来源:根据相关年度的《中国城市统计年鉴》数据计算得到。

二　西北地区各省会城市间经济联系测度及评价

同理,计算出西北地区各省会城市之间的经济联系强度。

（一）各省会城市间的经济联系强度测度及评价

根据表 7-6，可以将 5 个城市间的经济联系划分为：第一，紧密联系（经济联系强度≥10），如兰州与西安、兰州与西宁。其中，兰州与西宁的联系最为紧密，达 23.97。兰州具备政治、经济和文化等优势，西宁具备地理优势，二者的经济联系比较紧密。第二，一般联系（5≤经济联系强度＜10），如兰州与银川、西安与银川。其经济联系主要基于区位差异、资源禀赋以及集聚效应和扩散效应。第三，松散联系（经济联系强度＜5）。西安与西宁、银川与西宁、乌鲁木齐和其余城市，彼此间的经济联系不够紧密，辐射带动作用较小。

表 7-6　　　　　　　　各省会城市间的经济联系强度

	兰州	西安	银川	西宁	乌鲁木齐
兰州	—	12.34	6.27	23.97	0.54
西安	12.34	—	5.46	3.81	0.75
银川	6.27	5.46	—	1.11	0.25
西宁	23.97	3.81	1.11	—	0.38
乌鲁木齐	0.54	0.75	0.25	0.38	—

资料来源：根据相关年度的《中国城市统计年鉴》数据计算得到。

（二）各省会城市之间的场强测度及评价

根据表 7-7，可以将 5 个城市间的场强分为 3 个级别：第一，场强较高（场强≥0.19）。西宁与兰州彼此间辐射带动作用较强，在一定程度上促进了彼此的经济发展。第二，场强一般（0.01≤场强＜0.19）。西安与西宁、西安与银川、西宁与兰州，因为地理位置差异、行政限制等，各个城市间辐射和带动作用不够明显，对区域经济发展的集聚作用和辐射作用有限。第三，场强较低（场强＜0.01）。由于经济距离、经济发展水平差异以及政策规划不同，乌鲁木齐与其他 4 个城市间辐射和带动作用较小。

表7-7　　　　　　　　　各省会城市间的场强

	兰州	西安	银川	西宁	乌鲁木齐
兰州	—	0.03	0.03	0.19	0.00
西安	0.03	—	0.01	0.01	0.00
银川	0.03	0.01	—	0.00	0.00
西宁	0.19	0.01	0.00	—	0.00
乌鲁木齐	0.00	0.00	0.00	0.00	—

资料来源：根据相关年度的《中国城市统计年鉴》数据计算得到。

三　西北地区城市流强度的空间分析

（一）各地级及以上城市产业的空间优势

选取西北五省份各地级及以上城市的第一、第二、第三产业的城市从业人员数量作为分析指标。由式（7-4）可以算出西北地区所有地级及以上城市的产业区位熵。

从第一产业的区位熵计算结果来看，陕西的西安、铜川，甘肃的兰州、嘉峪关、白银、庆阳、定西，青海的西宁，宁夏的银川、石嘴山、吴忠及新疆的克拉玛依12个城市的产业区位熵值均小于1。各省会城市除乌鲁木齐的产业区位熵值大于1之外，其他的都是小于1。从各省区内部比较可以看出，第一产业区位熵值最高的城市分别是：陕西的渭南，为2.68；甘肃的张掖，为4.43；青海的海东，为2.0；宁夏的中卫，为1.90；新疆的乌鲁木齐，为1.25。总体来看，西北地区的地级及以上城市中，甘肃张掖的第一产业区位熵值最高。

从第二产业的区位熵计算结果来看，各省区内，第二产业区位熵最高的城市分别是：新疆的克拉玛依，为1.72；宁夏的石嘴山，为1.23；青海的西宁，为1.38；甘肃的金昌，为1.71；陕西的宝鸡，为1.21。总体来看，西北地区的地级及以上城市中，新疆克拉玛依的第二产业区位熵值最高。

从第三产业的区位熵计算结果来看，各省区内，第三产业区位熵最高的城市分别是：陕西的安康，达到1.31；甘肃的天水，为1.21；青海的海东，达到1.33；宁夏的固原，达到1.44；新疆乌鲁木齐，达到 1.13。

(二) 地级及以上城市经济外向性的空间分析

利用式 (7-5) 和式 (7-6) 计算出 i 城市 j 产业的外向功能量 E_{ij}。由此可以看出，西安的总外向功能量遥遥领先于其他城市，达到 34.41；其次是渭南，为 18.27。从西北地区城市群来看，陕西的大多数城市的总外向功能量都超过其他省区的城市外向功能量，甘肃的外向功能量处于 4.68—12.20，青海的西宁为 -8.18，海东为 4.45，宁夏为 -3.57—4.30，乌鲁木齐为 -65.90，克拉玛依为 8.97。

(三) 各地级及以上城市的流强度空间分析

如果城市流强度值大，则城市联系紧密；反之，则联系松散。根据式 (7-8) 和式 (7-9)，计算得出西北地区城市流强度 (见表 7-8)。

表 7-8　西北地区各地级及以上城市的流强度

城市	P_i（万人）	G_i（亿元）	N_i（万元/人）	K_i	F_i
西安	806.90	4884.13	6.05	0.17	208.25
铜川	85.60	321.98	3.76	0.48	21.88
宝鸡	385.60	1545.91	4.01	0.38	59.52
咸阳	533.20	1860.39	3.49	0.30	57.73
渭南	569.80	1349.01	2.37	0.39	43.26
延安	237.80	1354.14	5.69	0.34	61.05
汉中	386.20	881.73	2.28	0.48	33.05
榆林	377.00	2846.75	7.55	0.40	124.54
安康	308.30	604.55	1.96	0.67	22.44
商洛	250.60	510.88	2.04	0.51	19.47
兰州	368.60	1776.28	4.82	0.19	58.76
嘉峪关	20.00	226.22	11.31	0.69	51.39
金昌	46.90	252.04	5.37	0.66	41.91

续表

城市	P_i（万人）	G_i（亿元）	N_i（万元/人）	K_i	F_i
白银	177.00	463.31	2.62	0.42	20.90
天水	378.00	454.34	1.20	0.49	13.60
武威	188.50	381.18	2.02	0.33	9.46
张掖	131.30	335.97	2.56	0.55	19.08
平凉	231.90	341.08	1.47	0.47	10.74
酒泉	110.80	641.94	5.79	0.38	33.29
庆阳	264.10	605.37	2.29	0.56	22.18
定西	300.10	252.22	0.84	0.57	7.71
陇南	282.80	249.50	0.88	0.61	8.87
西宁	226.80	978.53	4.31	-0.23	-35.31
海东	170.50	337.01	1.98	0.24	8.80
银川	172.60	1289.02	7.47	-0.10	-26.70
石嘴山	76.60	446.44	5.83	0.32	18.66
吴忠	143.70	351.93	2.45	0.25	6.28
固原	154.20	182.95	1.19	0.71	5.10
中卫	121.50	286.83	2.36	0.53	7.95
乌鲁木齐	262.90	2202.85	8.38	-0.95	-552.19
克拉玛依	37.90	853.11	22.51	0.52	201.90

资料来源：根据相关年度的《中国城市统计年鉴》数据计算得到。

由表7-8可以看出，西北地区各城市的流强度值相差比较悬殊，如果划分为高、中、低3个层次的话，西安、克拉玛依和榆林属于高流强度值的城市，大幅领先于其他城市；中等流强度值的城市有宝鸡、咸阳、延安、兰州和嘉峪关；其余城市的流强度值较低。由此可以判断，陕西的大多数城市的流强度是比较大的，具有较大的优势，特别是西安，它是西北的核心城市，其次是榆林，其值超过了100，其余城市的流强度均低于100。相对于其他省份，陕西的城市间联系比较紧密。总体来看，西北地区城市间联系不够紧密，空间联系需要进一步加强。

四　西北地区城市间经济联系存在的问题

（一）中心城市的地区增长极作用不够明显

根据经济联系强度和场强（见表7-1至表7-5），可以将各省份内除中心城市以外的城市与中心城市的经济联系分为三个级别：第一，较紧密联系（经济联系强度≥100）。陕西的铜川、宝鸡、咸阳与中心城市西安的经济联系比较密切。第二，一般联系（50≤经济联系强度<100）。比如陕西的商洛与西安、白银与中心城市兰州。第三，松散联系（经济联系强度<50），即各中心城市与其他城市的经济联系都比较松散。可以发现，各中心城市在一定程度上发挥了地区集聚和辐射作用，带动了部分城市的经济发展，但对省区内其他城市的辐射带动作用不强，而且作为省会城市，其与省区内其他大多数城市的经济联系较弱，作为中心增长极的省会城市，其联系中心的优势地位不太突出。

（二）各中心城市间的集聚和辐射能力较弱

根据各城市间经济联系强度和场强的大小，可以将西北地区五个省会城市（中心城市）间的经济联系划分为三类：第一，紧密联系（经济联系强度≥10），如西安与兰州、西宁与兰州。其中，西宁与兰州的联系最为紧密，达23.97，两者的经济联系比较紧密。第二，一般联系（5≤经济联系强度<10），如兰州与银川、西安与银川。第三，松散联系（经济联系强度<5）。乌鲁木齐与银川，两者均为省会城市，彼此间的经济联系十分松散，彼此的辐射带动作用较小。总的来说，各省会城市间的相互作用较为松散，空间联系不太理想。

（三）城市流强度结构有待完善，各城市分布格局差异较大

西北地区城市流时空演变差异较大，具体表现为：新疆克拉玛依的城市流强度最大，其次是西宁、西安，这些城市的集聚作用和辐射作用比较明显，对外联系功能也相对较强。究其原因，新疆和青海具有特殊的区位优势，其空间经济联系相对较好。而其他各城市的流强度较低，各城市对彼此的集聚带动作用有限，城市对外联系较弱。西

北地区各城市资源禀赋、发展环境、区位空间分布差异较大。

五　优化西北地区城市经济联系的路径

西北地区地级及以上城市之间存在一定程度的空间联系，但总体来看经济联系强度差异较大。从各省会城市之间的经济联系强度上看，除兰州与西宁的经济联系相对紧密之外，其他省会城市间联系则相对松散。西安作为国家级中心城市，在促进经济发展方面具有重要地位，其对周边地区的集聚和辐射作用越来越明显，但与其他省会城市间的经济联系较松散。进一步提升西部地区城市经济联系强度和城市流强度，促进西北地区经济协调发展，优化西北地区城市空间联系的路径主要有以下几个方面。

（一）提升城市经济联系强度和城市流强度

西北地区地域辽阔，资源丰富，具有巨大的发展潜力。各城市应该以创新驱动产业发展，充分利用各地区特色资源，培育发展城市特色产业和优势产业，促进城市间资源优势互补。加快西北地区城市化进程，吸引城镇人口聚集，加快城市间交通建设，逐步提升城市间经济联系强度和城市流强度，强化城市间经济联系。

（二）增强区域中心城市的集聚和辐射作用

中心城市对于整个区域的经济发展具有带动作用，是地区的增长极。西安、兰州、银川、西宁和乌鲁木齐是西北各省份的中心城市，对于带动西北地区经济增长具有十分重要的作用。应依靠各中心城市政治、经济、文化等优势，带动整个西北地区的区域协作，增强中心城市集聚与辐射带动作用。

（三）合理定位中心城市优势和功能

"一带一路"倡议以及新一轮的西部大开发战略为西北地区的发展提供了新的契机。乌鲁木齐、西安、兰州是"丝绸之路经济带"上的重要交通枢纽，是构建"丝绸之路经济带"的重要区域，也是连接"丝绸之路经济带"和"21世纪海上丝绸之路"的重要门户。西北地区各中心城市应积极参与和合理定位区域功能及优势，提升经济开放水平和外向度，促进西北地区城市经济发展。

（四）扩大区域中心城市的对外经济联系

由于西北地区地处内陆，经济发展较缓慢，交通较闭塞，各省份地级及以上城市的基础设施是制约经济增长的重要因素之一。各省份应结合"一带一路"建设，发挥比较优势，加强各地级及以上城市的基础设施建设，积极与新丝路沿线国家加强人文交流，深化双边、多边合作，逐步扩大各地级及以上城市对内对外开放力度，加强城市外向功能。

六 结论

本节采用经济联系强度模型与城市流模型，分别从区域和产业两大维度，对西北地区地级及以上城市的经济联系进行了实证研究。从各省域内的城市间经济联系强度来看：甘肃的白银与兰州的经济联系强度最大，宁夏的石嘴山与银川的经济联系强度最大，陕西的咸阳与西安的经济联系强度最大。从各省会城市之间的经济联系强度来看，西安与兰州的联系强度较紧密，其他城市间较弱。从城市流强度来看，高于100的城市只有3个，陕西占了两个，分别是西安和榆林，另外一个是新疆的克拉玛依；较高的有5个，陕西占了3个，分别是宝鸡、咸阳、延安，甘肃占了2个，分别是兰州和嘉峪关。其余城市的流强度均较低。

就总体状况来看，西北地区经济比较落后，这与地理环境有关系，西北地区地域广阔，各城市间距离较远，交通主要以铁路与公路为主，城市间经济虽然有一定联系但大都较为松散，其中新疆的城市与其他省份的城市间经济联系最弱。

第三节 西南地区城市间经济联系测度及优化

西南地区人口稠密，自然资源丰富，是我国区域经济格局的重要组成部分。在国家"一带一路"倡议的引导下，相关政策无疑将极大促进丝绸之路沿线城市的发展。面对新的任务和形势，有必要分析中国西南地区城市空间联系的特征，了解该地区城市空间联系的现状及存在的问题,为强化西南地区城市空间联系,推进区域协调发展提供佐证。

西南地区主要包括四川、云南、贵州、广西、西藏和重庆六个省份,但由于西藏相关数据的缺失,因而在研究中,西南地区主要是指四川、云南、贵州、广西和重庆五省份,涉及50个地级及以上城市。本节利用2008年、2011年及2014年相关数据(数据均来源于《中国城市统计年鉴》),主要测度西南地区城市经济联系现状及存在的问题,并提出优化路径。

目前,国内对城市空间联系的研究主要集中在长三角城市群、珠三角城市群、山东半岛城市群等,而对西南地区城市空间联系的研究甚少。本部分采用经济联系强度和城市流强度,对中国西南地区的城市空间联系进行实证分析,为促进该区域经济空间联系提供依据。

一 西南四省份地级及以上城市与中心城市经济联系的测度与评价

(一)广西各地级及以上城市与南宁的经济联系

1. 城市间的经济距离

南宁与桂林的经济距离最远,达333.76千米;其次是贺州,达290.75千米;再次是梧州,达205.04千米。南宁与其他城市的经济距离都在200千米以内,如河池、百色、玉林、北海、柳州。南宁与其余城市的经济距离最近,都在100千米以内,如防城港、钦州、贵港、来宾、崇左,其中与钦州的经济距离最近的为71.13千米(见表7-9)。

2. 城市间经济联系强度及场强

从表7-9可以看出,各地级及以上城市与南宁的经济联系强度依次递减。贵港与南宁的经济联系强度最大,达0.86,钦州、崇左与南宁的经济联系强度较弱,分别为0.62、0.59,南宁与其他城市的经济联系强度都不大于0.41。各城市的人口、GDP及与南宁的经济距离不同,贵港的三个指标值分别为67.57万人、108.2亿元和83.97千米,前两个指标值的乘积较大,而后者数值较小,贵港与南宁的经济联系强度最大。南宁与贵港的场强最大,为0.010;与钦州、崇左、

表7-9　广西各地级及以上城市与南宁的经济联系强度和场强

城市	城市市区人口（万人）	城市市区GDP（亿元）	经济距离（千米）	经济联系强度	场强
贵港	67.57	108.2	83.97	0.86	0.010
钦州	43.29	107.9	71.13	0.62	0.009
崇左	39.79	110.2	71.52	0.59	0.008
防城港	24.27	112.4	76.34	0.41	0.005
来宾	38.46	103.0	92.71	0.33	0.004
柳州	125.30	110.0	134.55	0.30	0.002
北海	49.00	113.3	127.04	0.21	0.002
玉林	99.16	110.0	151.20	0.21	0.001
百色	50.29	108.6	136.25	0.18	0.001
河池	56.87	106.0	137.68	0.14	0.001
梧州	64.31	113.2	205.04	0.09	0.000
桂林	122.38	111.0	333.76	0.05	0.000
贺州	33.18	108.7	290.75	0.03	0.000

资料来源：根据相关年度的《中国城市统计年鉴》数据计算整理而得。

防城港的场强较弱，分别为0.009、0.008和0.005；南宁与其他城市的场强都在0.005以下。可知，各城市的经济联系强度和经济距离成反比。

（二）云南各地级及以上城市与昆明的经济联系

1. 城市间的经济距离

昆明与临沧的经济距离最远，达474.01千米；与保山、丽江分别为431.34千米、423.36千米；与普洱、昭通的经济距离分别为360.06千米、292.07千米；与玉溪的经济距离最近，为53.59千米。

2. 城市间经济联系强度及场强

从表7-10可以得出，昆明与玉溪的经济联系强度最大，为0.39，其次是普洱，昆明与其他城市的经济联系强度都小于0.3。各城市的人口、GDP及与中心城市昆明的经济距离不同，玉溪的三个指标值分别为27.8万人、100.01亿元和53.59千米，前两个指标值的乘积较大，而经济距离数值较小，玉溪与昆明的经济联系强度最大。昆明与玉溪、普洱、昭通的场强较大，与保山、临沧、丽江的场强均在0.0006以下。总体来看，昆明作为区域核心城市，拥有较强的经济实力，且有能力带动和促进省内其他城市经济发展。

表7-10　云南各地级及以上城市与昆明的经济联系强度和场强

城市	城市人口（万人）	城市GDP（亿元）	经济距离（千米）	经济联系强度	场强
玉溪	27.8	100.01	53.59	0.39	0.0072
普洱	17.3	366.85	360.06	0.30	0.0008
昭通	23.8	555.97	292.07	0.20	0.0007
保山	18.3	389.96	431.34	0.20	0.0005
临沧	15.0	352.97	474.01	0.20	0.0004
丽江	10.9	212.24	423.36	0.19	0.0004

资料来源：根据相关年度的《中国城市统计年鉴》数据计算整理而得。

（三）四川各地级及以上城市与成都的经济联系

1. 城市间的经济距离

成都与攀枝花、达州、凉山的经济距离远，分别为356.03千米、384.09千米和370.52千米，其次是泸州、广元、广安、巴中、阿坝、甘孜，分别为226.88千米、240.53千米、249.92千米、284.48千米、280.64千米和273.87千米。成都与德阳、绵阳、眉山、资阳的经济距离最短，与德阳的经济距离最小，为50.30千米。

2. 城市间经济联系强度及场强

从表7-11可以看出，各地级及以上城市与中心城市成都的经济联系强度中，成都与德阳的经济联系强度最大，达201.98；与眉山和资阳的经济联系强度分别为124.17、88.36；与其他城市的经济联系强度均在50以下；与甘孜的经济联系强度最小，为1.38。成都与德阳的场强最高，为4.02；与眉山、资阳和绵阳的场强均在1以上；与其他城市的场强均在 0 与 1 之间。

表 7-11　四川地级及以上城市与成都的经济联系强度和场强

城市	城市市区人口（万人）	城市市区GDP（亿元）	经济距离（千米）	经济联系强度	场强
德阳	117.4	1395.94	50.30	201.98	4.02
眉山	98.9	860.04	65.34	124.17	1.90
资阳	89.2	1092.36	80.14	88.36	1.10
绵阳	158.0	1455.12	83.54	86.74	1.04
乐山	118.5	1134.79	118.87	47.18	0.40
内江	96.4	1069.34	151.20	25.53	0.17
遂宁	97.5	736.61	138.80	25.29	0.18
南充	176.6	1328.55	189.27	24.58	0.13
雅安	42.6	417.97	120.54	16.69	0.14
泸州	152.3	1140.48	226.88	14.72	0.06
宜宾	106.2	1342.89	184.81	13.96	0.08
广安	90.6	836.14	249.92	8.01	0.03
广元	72.2	518.75	240.53	6.08	0.03
达州	139.6	1245.41	384.09	5.14	0.01
巴中	78.1	415.94	284.48	4.05	0.01
凉山	60.5	1214.40	370.52	3.59	0.01
阿坝	20.5	233.99	280.64	1.59	0.01
攀枝花	59.5	800.88	356.03	1.39	0.00
甘孜	16.2	201.22	273.87	1.38	0.01

资料来源：根据相关年度的《中国城市统计年鉴》数据计算整理而得。

（四）贵州各地级及以上城市与贵阳的经济联系

1. 城市间的经济距离

贵阳与六盘水的经济距离最远，为 167.92 千米；其次是遵义、安顺，为 98.69 千米、96.54 千米。

2. 城市间经济联系强度与场强

从表7-12可以看出，贵阳与安顺的经济联系强度最高，其次是与遵义的经济联系强度，最后是与六盘水的经济联系强度，分别为0.82、0.33和0.21。贵阳与安顺的场强最高，为0.0085；与遵义的场强为0.0033，与六盘水的场强为0.0013。

表7-12　贵州各地级及以上城市与贵阳的经济联系强度和场强

城市	城市市区人口（万人）	城市市区GDP（亿元）	经济距离（千米）	经济联系强度	场强
安顺	10.8	352.62	96.54	0.82	0.0085
遵义	29.18	134.39	98.69	0.33	0.0033
六盘水	17.94	738.65	167.92	0.21	0.0013

资料来源：根据相关年度的《中国城市统计年鉴》数据计算整理而得。

二　西南地区中心城市间经济联系测度与评价

（一）各中心城市间经济联系强度

根据表7-13，可以将5个中心城市间的经济联系划分为：第一，紧密联系（经济联系强度≥10）。如重庆与南宁、重庆与昆明、重庆与成都、重庆与贵阳。重庆与成都的联系最为紧密，达13.5。第二，一般联系（5≤经济联系强度<10）。如昆明与南宁、昆明与成都、昆明与贵阳、贵阳与南宁。第三，松散联系（经济联系强度<5）。成都与南宁的经济联系不够紧密，对彼此的辐射带动作用较小。

表7-13　　　各中心城市间的经济联系强度

	南宁	昆明	成都	重庆	贵阳
南宁	—	5.1	4.5	10.1	6.2
昆明	5.1	—	8.5	11.0	6.1
成都	4.5	8.5	—	13.5	8.3

续表

	南宁	昆明	成都	重庆	贵阳
重庆	10.1	11.0	13.5	—	12.3
贵阳	6.2	6.1	8.3	12.3	—

资料来源：根据相关年度的《中国城市统计年鉴》数据计算整理而得。

（二）各中心城市间的场强

根据表7-14，可以将5个城市间的场强分为3个级别：第一，场强较高（0.02≤场强）。重庆与成都、重庆与贵阳，彼此间辐射带动作用较强，在一定程度上促进了彼此的经济发展。第二，场强一般（0.01≤场强<0.02）。昆明与成都、昆明与重庆、昆明与贵阳、南宁与重庆、南宁与贵阳，各个城市的辐射和带动作用不够。第三，场强较低（场强<0.01）。南宁与昆明、南宁与成都、贵阳和成都，彼此辐射和带动作用较小。

表7-14　　　　　　　　各中心城市的场强

	南宁	昆明	成都	重庆	贵阳
南宁	—	0.0062	0.0035	0.0107	0.0108
昆明	0.0062	—	0.0126	0.0125	0.012
成都	0.0035	0.0126	—	0.0397	0.0093
重庆	0.0107	0.0125	0.0397	—	0.0266
贵阳	0.0108	0.012	0.0093	0.0266	—

资料来源：根据相关年度的《中国城市统计年鉴》数据计算整理而得。

三　西南地区各省份地级及以上城市的城市流强度测度及评价

（一）云南地级及以上城市的城市流强度测度与评价

根据式（7-4）至式（7-9），第一步，计算云南地级及以上城市三大产业的区位熵。可以发现，除普洱和临沧，其他城市的第一产业区位熵均小于1；云南各城市的第二、第三产业区位熵均明显大于

1，其中昆明的第二、第三产业区位熵值分别为 53.27 和 65.15。可知，云南第二、第三产业发展中，昆明发挥了主要作用。

第二步，计算云南地级及以上城市的外向功能量。昆明最高，达 116.84；曲靖次之，达 43.58；丽江最小，达 7.36。

第三步，计算云南地级及以上城市的城市流倾向度与城市流强度（见表 7-15）。

表 7-15　云南各地级及以上城市的城市流倾向度与城市流强度

城市	P_i（万人）	G_i（亿元）	N_i（万元/人）	K_i	F_i
昆明	260.24	1544.87	1.69	0.43	197.77
曲靖	19.5	140.01	0.87	0.16	37.73
玉溪	27.8	100.01	1.57	0.08	35.47
保山	18.3	389.96	0.56	0.06	8.56
昭通	23.8	555.97	0.39	0.07	7.88
普洱	17.3	366.85	0.52	0.05	7.24
临沧	15	352.97	0.53	0.04	5.37
丽江	10.9	212.24	0.62	0.03	4.54

资料来源：根据相关年度的《中国城市统计年鉴》数据计算整理而得。

根据表 7-15 中计算得到的城市流强度值，将云南各城市划分为高、中、低 3 个不同的层次：昆明是云南城市流强度最高的城市，居于绝对领先的地位；曲靖和玉溪为中城市流强度城市；其余则为低城市流强度城市。

（二）贵州地级及以上城市的城市流强度测度与评价

根据式（7-4）至式（7-9），第一步，计算贵州地级及以上城市三大产业的区位熵。贵州各城市第一、第二、第三产业区位熵均大于 1。

第二步，计算贵州地级及以上城市的外向功能量。最高的是贵阳，达 82.73；其次是六盘水、遵义、安顺。贵阳作为本省中心城市，外向功能量较高，核心地位明显。

第三步，计算贵州地级及以上城市的城市流倾向度与城市流强度（见表7-16）。

表7-16　贵州各地级及以上城市的城市流倾向度与城市流强度

城市	P_i（万人）	G_i（亿元）	N_i（万元/人）	K_i	F_i
贵阳	222.03	825.84	1.88	0.40	153.79
六盘水	17.94	738.65	1.26	0.12	31.05
遵义	29.18	134.39	1.08	0.18	39.60
安顺	10.8	352.62	0.76	0.07	9.42

资料来源：根据相关年度的《中国城市统计年鉴》数据计算整理而得。

由表7-16可知，城市流强度由高到低依次是贵阳、遵义、六盘水和安顺。贵阳城市流强度最高，达153.79，居于领先地位；城市流强度最低的是安顺，为9.42。这说明贵阳经济发展较好，对贵州其他城市的集聚和辐射作用较强，带动了其他城市的经济发展。

（三）重庆的城市流强度测度与评价

根据式（7-4）至式（7-9），第一步，计算重庆三大产业的区位熵。重庆第一、第三产业区位熵小于1，分别为0.14和0.53；第二产业区位熵于大于1，为1.43。

第二步，计算重庆的外向功能量。重庆三大产业外向功能量值分别为29.79、359.43和441.26。

第三步，计算重庆城市流倾向度与城市流强度（见表7-17）。

表7-17　重庆市城市流倾向度与城市流强度

城市	P_i（万人）	G_i（亿元）	N_i（万元/人）	K_i	F_i
重庆	1524.77	5855.06	0.45	0.97	377.46

资料来源：根据相关年度的《中国城市统计年鉴》数据计算整理而得。

从表7-17可以看出，重庆城市流强度达377.46。重庆是西部唯一的直辖市，拥有其他城市不可比拟的众多优势。

(四) 广西地级及以上城市的城市流强度测度与评价

根据式（7-4）至式（7-9），第一步，计算广西地级及以上城市三大产业的区位熵。柳州、桂林、防城港、玉林、河池、来宾6个城市的产业区位熵值均在5以上，其他城市则低于这一水平。

第二步，计算广西地级及以上城市的外向功能量。南宁最高，为49.78；其次是柳州、桂林，分别为27.62和23.3；再次是玉林、河池，分别为19.11和13.03。

第三步，计算广西地级及以上城市的城市流倾向度与城市流强度（见表7-18）。

表7-18 广西地级及以上城市的城市流倾向度与城市流强度

城市	P_i（万人）	G_i（亿元）	N_i（万元/人）	K_i	F_i
南宁	270.74	530.4	1.02	0.22	77.29
柳州	125.30	110.0	1.38	0.13	62.13
桂林	122.38	111.0	0.89	0.09	27.26
玉林	99.16	110.0	0.57	0.08	15.86
北海	49.00	113.3	1.17	0.03	12.13
防城港	24.27	112.4	1.45	0.02	10.06
梧州	64.31	113.2	0.82	0.03	8.56
钦州	43.29	107.9	0.64	0.03	6.64
河池	56.87	106.0	41.85	0.04	5.79
来宾	38.46	103.0	0.69	0.02	4.84
贺州	33.18	108.7	57.56	0.01	1.99

资料来源：根据相关年度的《中国城市统计年鉴》数据计算整理而得。

由表7-18可以看出，南宁的城市流强度最大，达77.29；其次是柳州，为62.13；然后是桂林、玉林、北海，分别为27.26、15.86和12.13。南宁的城市流强度高于其他城市，南宁与其他城市经济联系较强，除南宁外云南的其他城市间经济联系较松散。南宁具有政治、经济等优势，与其他城市的经济联系自然也较高。

(五) 四川地级及以上城市的城市流强度测度与评价

根据式 (7-4) 至式 (7-9), 第一步, 计算四川地级及以上城市三大产业的区位熵。乐山、南充、雅安的产业区位熵达到 4 以上, 分别为 4.64、4.24 和 4.95; 泸州、内江的产业区位熵达到 3 以上, 分别为 3.19、3.31; 攀枝花、绵阳、广元的产业区位熵达到 2 以上; 其余城市的产业区位熵都在 2 以下。

第二步, 计算四川地级及以上城市的外向功能量。四川各城市除成都外, 城市外向功能量值均小于 0, 攀枝花为 -141.78、泸州为 -140.54, 成都外向功能量达 158.84, 具有明显优势。

第三步, 计算四川地级及以上城市的城市流倾向度与城市流强度 (见表 7-19)。

表 7-19　四川各地级及以上城市的城市流倾向度与城市流强度

城市	P_i（万人）	G_i（亿元）	N_i（万元/人）	K_i	F_i
成都	535.15	2932.50	0.98	0.27	155.58
攀枝花	59.50	800.88	1.03	0.24	144.94
德阳	117.40	1395.94	0.61	0.23	82.67
自贡	11.20	1001.60	0.56	0.24	78.69
乐山	118.50	1134.79	0.52	0.22	66.85
资阳	89.20	1092.36	0.46	0.24	65.48
雅安	42.60	417.97	0.44	0.25	65.39
内江	96.40	1069.34	0.45	0.23	60.58
广安	90.60	836.14	0.39	0.25	58.53
绵阳	158.00	1455.12	0.46	0.20	54.11
泸州	152.30	1140.48	0.41	0.24	53.49
宜宾	106.20	1342.89	0.47	0.21	50.52
遂宁	97.50	736.61	0.35	0.24	50.18
广元	72.20	518.75	0.32	0.25	46.57
达州	139.60	1245.41	0.35	0.22	45.51
南充	176.60	1328.55	0.32	0.22	41.27
巴中	78.10	415.94	0.20	0.24	28.38

资料来源: 根据《中国城市统计年鉴 (2013)》数据计算整理而得。

据表7-19可知,成都的城市流强度达155.58;其余城市的城市流强度均较高,城市间交流较紧密。总的来说,四川的地级及以上城市对外联系较好。

四 西南地区城市间经济联系存在的问题

(一) 各中心城市增长极作用不够明显

根据经济联系强度值和场强值(见表7-9至表7-12),可以将各省区的地级及以上城市与中心城市的经济联系分为3个级别:第一,较紧密联系(经济联系强度≥0.35)。广西的南宁与贵港、云南的昆明与玉溪、贵州的贵阳与安顺的经济联系都比较密切。第二,一般联系(0.2≤经济联系强度<0.35),如广西的南宁与钦州、南宁与崇左,贵州的贵阳与遵义。第三,松散联系(经济联系强度<0.2)。各省份中心城市与其余城市的经济联系都比较松散。可以发现,各中心城市发挥了集聚和辐射作用,带动了各省份内部城市的经济发展,但对各省份内其他城市的辐射作用不强,与省份内其他城市的经济联系较弱,作为区域"增长极"的省会城市,其联系中心的优势地位不突出。

(二) 各中心城市间集聚和辐射能力较弱

根据各城市间经济联系强度和场强的大小(见表7-13和表7-14),可以将5个城市间的经济联系划分为:第一,紧密联系(经济联系强度≥10)。如重庆与成都、重庆与贵阳。重庆与成都的联系最为紧密,达13.5。第二,一般联系(5≤经济联系强度<10)。如昆明与成都、昆明与贵阳、贵阳与南宁。第三,松散联系(经济联系强度<5)。成都与南宁,两者均为省会城市,彼此的经济联系不紧密,辐射带动作用较小。总的来说,各中心城市间的相互作用较为松散,空间联系不太理想。

(三) 城市流强度结构有待完善

西南地区各城市的城市流时空演变大致呈北高南低的分布格局,四川各城市、重庆的城市流强度值较高,四川省内各城市间的集聚和辐射作用比较明显,对外联系功能较强,四川和重庆经济空间联系相对较好。云南、贵州和广西的地级及以上城市的流强度较低,省份内各城市集聚带动作用有限，对外联系较弱，各城市的区位、资源禀赋以及发展环境空间差异明显。因而，要优化西南地区各城市流强度结构，提升城市联系，推动区域协调发展。

五 西南地区城市经济联系优化路径

西南各地级及以上城市、各省会城市间存在一定程度的经济联系，但总体来看较为松散。成都与重庆的经济联系非常紧密，其他城市间联系则相对松散。成都与重庆是西南地区的核心城市，在促进西南地区经济发展方面具有重要作用。西南地区其他城市间经济联系较松散。提升经济联系强度和城市流强度，促进西南地区区域协调发展的路径主要有以下几个方面。

（一）提升西南地区地级及以上城市的经济联系强度和城市流强度

西南地区自然资源丰富，各省份要素禀赋多样，地级及以上城市应结合自身要素禀赋、区位特点，培育发展特色产业和优势产业，促进城市间资源优势互补。吸引城镇人口聚集，加快城市化和城镇化建设，提升地级及以上城市的经济联系强度和城市流强度，提高西南地区城市间经济联系。

（二）增强中心城市的集聚和辐射力

中心城市对于整个区域的经济发展具有带动作用，是本地区的增长极。成都、昆明、贵阳、南宁和重庆是西南地区的中心城市，对于带动西南地区的经济增长具有十分重要的作用。应依靠各中心城市本身的政治、经济、文化等优势，带动整个西南地区的区域协作，强化城市间经济联系。

（三）合理定位城市优势和功能

四川、云南、贵州和重庆处于新丝路南下出海通道的交通枢纽位置，是构建"丝绸之路经济带"的重要区域，也是连接"丝绸之路经济带"和"21世纪海上丝绸之路"的重要门户。各级城市应合理定位功能及优势，提升各级城市的开放水平和外向度，促进城市经济协调发展，进而促进西南地区的整体发展。

（四）扩大城市对内对外开放力度

西南地区地貌、地形复杂，基础建设难度较大，是制约经济增长的因素之一。西南地区应加强和优化基础设施建设，扩大交通网络建设，增强城市间经济联系。

六 结语

综合而言，西南地区各省份内部城市与其省会城市的经济联系强度较弱，只有个别城市与其省会城市的经济联系强度紧密；成都、昆明、贵阳、南宁和重庆的经济联系强度较高，西南中心城市间的经济联系强度还需提升。从城市流强度来看，西南地区地级及以上城市可以划分为高、中、低3个级别。成都、昆明、南宁、贵阳和重庆的城市流强度高，曲靖、玉溪、六盘水、遵义、柳州、桂林等的城市流强度中等，临沧、安顺、贺州的城市流强度均低。

第八章　西部地区城市经济联系方向及地缘经济关系：以宁夏为例

西部地区省域内城市的分工与合作，应当立足于城市间经济联系方向及地缘经济关系，处理好相互之间的竞争和互补领域，加强城市间经济联系，促进西部地区整个城市群的协调发展。本章以宁夏为例，分析省域内城市间经济联系方向和地缘经济关系。在定量分析宁夏城市间经济相关性的基础上，用修正后的引力模型，测度宁夏地级及以上城市经济联系；用改良后的欧式距离法构造地缘经济关系指数，定量研究宁夏城市的地缘经济关系。

第一节　宁夏城市间经济相关性分析

宁夏位于中国西北部，是"新丝绸之路经济带"的必经之地和核心地带，具有极其重要的作用。宁夏下辖5个地级市，包括银川市、石嘴山市、吴忠市、固原市和中卫市。近年来，宁夏经济实现了又好又快发展，宁夏国民经济和社会发展统计公报数据显示：2016年全区实现地区生产总值3150.06亿元，同比增长8.1%；2017年，全区实现地区生产总值3453.93亿元，同比增长7.8%。其中，5个地级城市的地区生产总值及经济增速分别为：2016年，银川为1617.28亿元，同比增长8.1%；2017年达到1803.17亿元，同比增长8.0%。2016年，石嘴山为513.37亿元，同比增长6.6%；2017年达到534.98亿元，同比增长7.2%。2016年，吴忠为442.4亿元，同比增长9.0%；2017年达到508.1亿元，同比增长8.0%。2016年，固原为239.88亿元,同比增长8.2%;2017年达到270.09亿元,同比增长7.6%。2016年,中卫为339.01亿元,同比增长6.8%;2017年达到374.14亿元,同比增长7.5%。

在经济新常态的背景下,5个城市的经济增速均高于6.5%,表明城市经济发展具有比较大的潜力。本节首先对比分析宁夏5个城市的经济总量、经济质量和经济流量,其次检验宁夏5个城市的经济相关性。

一 宁夏城市间经济发展比较分析

（一）宁夏各城市经济总量

经济总量指的是社会财富总量,社会财富的增加主要是由资源配置以及科技创新来实现的。经济总量反映了一个城市的社会产出和发展潜力,体现了一个城市的综合经济实力。城市的经济总量往往反映城市的竞争力,而城市的综合竞争力又能决定该城市的集聚效应和扩散效应的实现程度和强度。所以,城市的经济总量指标不仅可以反映该城市的经济发展状况,也可以体现发展潜力。

表8-1为2016年宁夏5个城市经济总量。地区生产总值方面,银川的地区生产总值最高,固原最低。银川的地区生产总值约为石嘴山的3倍、吴忠的4倍、中卫的5倍、固原的7倍。银川的在岗职工工资总额最高,其次是吴忠,中卫最低。银川的在岗职工工资总额约为吴忠、石嘴山的5倍,固原的6倍,中卫的7倍,吴忠的在岗职工工资总额约为石嘴山、固原和中卫的1倍多。银川的商品房屋销售额最高,其次是吴忠,石嘴山最低。银川的商品房屋销售额约为中卫的9倍、石嘴山的13倍。银川的固定资产投资最高,中卫最低,银川的固定资产投资约为中卫的6倍、固原的5倍、石嘴山的4倍、吴忠的2倍,吴忠的固定资产投资约为中卫的2倍。银川的社会消费品零售总额最高,固原最低,银川的社会消费品零售总额约为固原和中卫的8倍、石嘴山和吴忠的5倍,而石嘴山和吴忠又分别为固原和吴忠的约2倍。银川的财政收入最高,固原最低,银川的财政收入为固原的11倍,其他3个城市的财政收入与固原差距不大。

可以看出,银川的6项指标均处于领先水平,经济综合实力最强。值得注意的是，固原和中卫受到区位条件的制约，城市经济发展动力不足、缺乏竞争力。

表8-1 2016年宁夏5个城市的经济总量

城市	地区生产总值（亿元）	在岗职工工资总额（亿元）	商品房屋销售额（亿元）	固定资产投资（亿元）	社会消费品零售总额（亿元）	财政收入（亿元）
银川	1618	254	270.57	1629	514	173.20
石嘴山	514	48	20.27	440	102	24.74
吴忠	442	56	52.75	695	103	32.56
固原	240	44	37.53	340	65	15.78
中卫	339	39	28.59	295	66	23.15

资料来源：《宁夏统计年鉴（2017）》。

（二）宁夏5个城市经济质量

经济质量表明经济发展的效果，一方面可以反映现实经济发展的情况，另一方面可以发现经济发展过程中的不足，经济质量指标对于经济发展的规划和实施具有指导意义。经济质量包括产业结构（产业增加值、产业结构比）、城镇人口比重和环境空气质量3个方面，它们从不同角度反映了某一阶段特定城市的经济发展效果。表8-2反映了宁夏5个城市的经济质量。

表8-2 宁夏各城市的经济质量指标比较

城市	第一产业增加值（亿元）	第二产业增加值（亿元）	第三产业增加值（亿元）	产业结构比	城镇人口比重（%）	环境空气质量综合指数
银川	59	826	733	3.65:51.05:45.30	75.70	6.26
石嘴山	26	324	164	5.06:63.04:31.91	74.41	6.02

续表

城市	第一产业增加值（亿元）	第二产业增加值（亿元）	第三产业增加值（亿元）	产业结构比	城镇人口比重（%）	环境空气质量综合指数
吴忠	55	250	137	12.44:56.56:31.00	47.85	5.11
固原	49	61	130	20.42:25.42:54.17	34.75	4.06
中卫	52	149	138	15.34:43.95:40.71	39.87	4.72

注：四舍五入引起的误差不作调整。环境空气质量综合指数越小，表明空气质量越好。
资料来源：《宁夏统计年鉴（2017）》及宁夏环境保护网。

表8-2表明，中心城市银川的三大产业增加值领先于其他四个城市。银川的第一产业增加值最高，石嘴山最低，银川约为石嘴山的2倍。银川的第二产业增加值最高，固原最低，银川的第二产业增加值约为固原的14倍、中卫的6倍、石嘴山和吴忠的3倍。石嘴山的第二产业增加值约为固原的5倍，吴忠的第二产业增加值约为固原的4倍，中卫的第二产业增加值约为固原的2倍。银川的第三产业增加值最高，其次是石嘴山，固原最低，银川的第三产业增加值约为固原的6倍，其余4个城市相差不大。从产业结构比来看，除固原是"三二一"模式外，其他城市均为"二三一"模式。不同的是，石嘴山第二产业比例系数最高，达63.04。另外，中卫第三产业比例系数稍微落后于第二产业，差别不明显，该城市旅游业发达。宁夏5个城市的城镇人口比重和环境空气质量综合指数具有一致性，即城镇化率越低的城市，环境空气质量综合指数越高，空气质量越好，如固原。

（三）宁夏5个城市经济流量

经济流量反映的是资本、信息和人力的流通情况，以及城市间的外向经济联系、城市的集聚效应和扩散效应。表8-3是宁夏5个城市的经济流量。

从表8-3可以看出，银川的进出口总额遥遥领先于其他4个城市，约为固原的 1233 倍、吴忠的 35 倍、石嘴山的 7 倍、中卫的 6 倍，对外经济联系具有绝对优势。银川、吴忠和中卫的邮电业务总量较高。固原和石嘴山较低，邮电业务总量均低于 8 亿元。银川的邮电业务总量约为固原的 4 倍、石嘴山的 5 倍。中卫的邮电业务总量约为石嘴山和固原的 3 倍。客运量方面，吴忠的公路客运量低于 1000 万人，银川高于 3000 万人，介于两者之间的是固原、石嘴山和中卫。银川和吴忠的公路货运量高于 8000 万吨，中卫和固原介于 6000 万吨和 8000 万吨之间，石嘴山则为 4903.00 万吨。从以上数据可以看到，银川在进出口贸易、邮政业务和客运量方面具有绝对优势，较好地发挥了中心城市的辐射作用。银川的货运量优势并不明显，而其他 4 个城市大多以第二产业为主，货物量较高。

表 8-3　　　　　　　　　宁夏 5 个城市的经济流量

城市	进出口总额（亿美元）	邮电业务总量（亿元）	客运量（万人）			货运量（万吨）		
			公路	铁路	民航	公路	铁路	民航
银川	24.67	34.82	3447	416.16	298.00	8779.00	403.59	1.49
石嘴山	3.40	6.59	1136	—	—	4903.00	—	—
吴忠	0.71	17.10	917	/	/	8671.00	/	/
固原	0.02	7.75	1141	24.00	—	6211.71	145.80	—
中卫	3.67	21.94	1046	—	10.28	7571.00	—	0.01

注："/"表示该城市无机场；"—"表示数据缺失。

资料来源：《宁夏统计年鉴（2017）》及各市 2016 年统计公报。

二　宁夏 5 个城市间经济相关性检验

经济相关性检验主要是检验各经济指标变动趋势的相关性。基于指标数据可获得性、可操作性和对比性，主要检验 2011—2016 年宁夏 5 个城市的地区生产总值增长率、在岗职工工资总额增长率和社会消费品零售总额增长率的相关性，即经济增长、工资增长和消费能力 3 个方面的相关性。如果城市间经济联系比较密切，其经济指标将呈现同步的发展趋势，城市经济联系紧密，城市经济指标将趋同。

相关性分析是通过计算两个或两个以上变量的相关系数，依据相关系数的大小衡量变量间相关程度的方法。选择 SPSS Statistics 24 作二元定距变量分析（Pearson 简单相关系数），并计算和分析变量间的相关性。说明变量间相关程度时，按经验可将相关程度分为以下几种情况[①]：

当 $|r| \geqslant 0.8$ 时，视为高度相关；

当 $0.5 \leqslant |r| < 0.8$ 时，视为中度相关；

当 $0.3 \leqslant |r| < 0.5$ 时，视为低度相关；

当 $|r| < 0.3$ 时，说明变量间的相关程度极弱，可视为不相关。

（一）指标趋同性检验

1. 地区生产总值增长率

由图 8-1 可知，宁夏 5 个城市的地区生产总值增长率变动可以分为三个阶段。第一阶段为 2011—2012 年，增长率有增有减，吴忠和银川的增长率提高，其他 3 个城市的增长率降低；第二阶段为 2012—2015 年，5 个城市的增长率均下降，指标趋同；第三阶段是 2015—2016 年，吴忠和中卫的增长率提高，其他 3 个城市的增长率继续下降，上升和下降的幅度不大，增长率差异不大，该项指标趋同。随着时间推移，宁夏 5 个城市地区生产总值增长率走向逐渐一致，城市间经济联系逐渐加强。

2. 在岗职工工资总额增长率

由图 8-2 可知，宁夏 5 个城市的在岗职工工资总额增长率变动可以分为两个阶段。第一阶段是 2011—2014 年，该指标有增有减，变化幅度不一，2014 年明显趋同，差异缩小；第二阶段是 2014—2016 年，各城市该指标出现不同程度的增长和下降，变化幅度下降。2011—2016 年，前期该项指标变化幅度较大，城市增长率程度不一

---

① 张曦文：《基于 TAM 的云龙区干部在线学习平台改进策略研究》，硕士学位论文，西安工程大学，2018 年。

第八章 西部地区城市经济联系方向及地缘经济关系：以宁夏为例

致；后期该项指标变化幅度趋向一致，5个城市的在岗职工工资总额增长率逐步趋同，相关性逐渐加强。

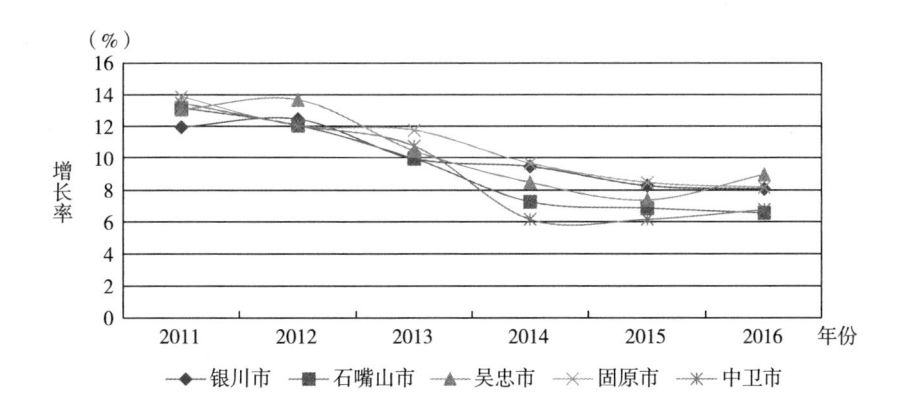

图8-1 2011—2016年宁夏5个城市的地区生产总值增长率

资料来源：根据《宁夏统计年鉴》相关年份数据整理计算而得。

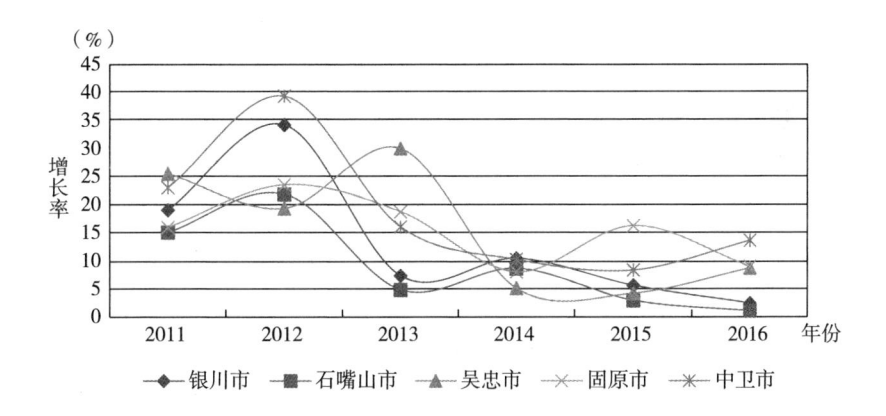

图8-2 2011—2016年宁夏5个城市的在岗职工工资总额增长率

资料来源：根据《宁夏统计年鉴》相关年份数据整理计算而得。

3. 社会消费品零售总额增长率

由图8-3可知，宁夏5个城市的社会消费品零售总额变动可以分为三个阶段。第一阶段是2011—2012年，5个城市的该项指标均开始下降，且下降幅度较大，到2012年保持在14%左右；第二阶段是

2012—2015年，各城市的社会消费品零售总额增长率继续下降，保持在6%左右；第三阶段是2015—2016年，5个城市的社会消费品零售总额增长率开始上升，变化幅度较小。社会消费品零售总额增长率从消费的角度刻画了5个城市消费动态走向。

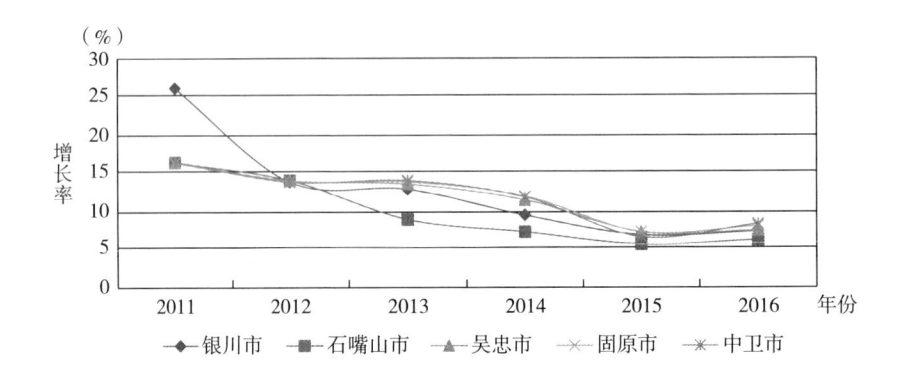

图8-3 2011—2016年宁夏5个城市的社会消费零售总额增长率

资料来源：根据《宁夏统计年鉴》相关年份数据整理计算而得。

(二) 指标相关性检验

利用SPSS Statistics 24检验5个城市间3个指标的相关性。

1. 城市间地区生产总值增长率相关性检验

表8-4表明，银川与石嘴山、吴忠、固原、中卫的相关系数分别为0.952、0.949、0.908和0.898，石嘴山与吴忠、固原、中卫的相关系数分别为0.950、0.970和0.983，吴忠与固原和中卫的相关系数分别为0.878和0.944，固原与中卫的相关系数为0.955。可以发现，5个城市的地区生产总值增长率指标的相关系数均高于0.8，宁夏5个城市间经济增长率高度相关。

2. 城市间在岗职工工资总额增长率相关性检验

表8-5表明，银川与石嘴山、中卫的相关系数分别为0.984和0.937，石嘴山与中卫的相关系数为0.893，相关性均高于0.8，高度相关。固原和吴忠与其他3个城市不相关，两者之间也不相关。

第八章 西部地区城市经济联系方向及地缘经济关系：以宁夏为例

表8-4　　宁夏5个城市间地区生产总值增长率相关性

		银川	石嘴山	吴忠	固原	中卫
银川	皮尔逊相关性	1	0.952**	0.949**	0.908*	0.898*
	显著性（双尾）	—	0.003	0.004	0.012	0.015
石嘴山	皮尔逊相关性	0.952**	1	0.950**	0.970**	0.983**
	显著性（双尾）	0.003	—	0.004	0.001	0
吴忠	皮尔逊相关性	0.949**	0.950**	1	0.878*	0.944**
	显著性（双尾）	0.004	0.004	—	0.021	0.005
固原	皮尔逊相关性	0.908*	0.970**	0.878*	1	0.955**
	显著性（双尾）	0.012	0.001	0.021	—	0.003
中卫	皮尔逊相关性	0.898*	0.983**	0.944**	0.955**	1
	显著性（双尾）	0.015	0	0.005	0.003	—

注：** 表示在0.01显著性水平下（双尾）相关性显著；* 表示在0.05显著性水平下（双尾）相关性显著。

表8-5　　宁夏5个城市间在岗职工工资总额增长率相关性

		银川	石嘴山	吴忠	固原	中卫
银川	皮尔逊相关性	1	0.984**	0.372	0.687	0.937**
	显著性（双尾）	—	0	0.468	0.132	0.006
石嘴山	皮尔逊相关性	0.984**	1	0.398	0.606	0.893*
	显著性（双尾）	0	—	0.434	0.202	0.017
吴忠	皮尔逊相关性	0.372	0.398	1	0.602	0.511
	显著性（双尾）	0.468	0.434	—	0.206	0.3
固原	皮尔逊相关性	0.687	0.606	0.602	1	0.732
	显著性（双尾）	0.132	0.202	0.206	—	0.098
中卫	皮尔逊相关性	0.937**	0.893*	0.511	0.732	1
	显著性（双尾）	0.006	0.017	0.3	0.098	—

注：** 表示在0.01显著性水平下（双尾）相关性显著；* 表示在0.05显著性水平下（双尾）相关性显著。

3. 城市间社会消费品零售总额增长率相关性

表8-6表明，银川与石嘴山、吴忠、固原和中卫的相关系数分别为0.914、0.873、0.859和0.856，石嘴山市与吴忠、固原和中卫的相关系数分别为0.891、0.869和0.859，吴忠与固原和中卫的相关系数分别为0.997和0.990，固原与中卫的相关系数为0.997。宁夏5个城市的社会消费品零售总额增长率高度相关。

表8-6　　宁夏5个城市间社会消费品零售总额增长率相关性

		银川	石嘴山	吴忠	固原	中卫
银川	皮尔逊相关性	1	0.914**	0.873*	0.859*	0.856*
	显著性（双尾）	—	0.011	0.023	0.028	0.03
石嘴山	皮尔逊相关性	0.914*	1	0.891*	0.869*	0.859*
	显著性（双尾）	0.011	—	0.017	0.025	0.028
吴忠	皮尔逊相关性	0.873*	0.891*.	1	0.997**	0.990**
	显著性（双尾）	0.023	0.017	—	0	0
固原	皮尔逊相关性	0.859*	0.869*	0.997**	1	0.997**
	显著性（双尾）	0.028	0.025	0	—	0
中卫	皮尔逊相关性	0.856*	0.859*	0.990**	0.997**	1
	显著性（双尾）	0.03	0.028	0	0	—

注：**表示在0.01显著性水平下（双尾）相关性显著；*表示在0.05显著性水平下（双尾）相关性显著。

4. 基于三项指标的宁夏城市间经济联系

在分析五个城市三项指标间的相关性，初步检验了各城市间经济相关性基础上，接下来将三项指标结合起来，检验城市间的经济联系（见表8-7）。

表8-7　　　　　宁夏城市间三项指标相关性

比较城市	经济增长相关性	劳动力市场相关性	商品市场运输流通相关性
银川—石嘴山	0.952	0.984	0.914
银川—吴忠	0.949	0.372	0.873
银川—固原	0.908	0.687	0.859

续表

比较城市	经济增长相关性	劳动力市场相关性	商品市场运输流通相关性
银川—中卫	0.898	0.937	0.856
石嘴山—吴忠	0.950	0.398	0.891
石嘴山—固原	0.970	0.606	0.869
石嘴山—中卫	0.983	0.893	0.859
吴忠—固原	0.878	0.602	0.997
吴忠—中卫	0.944	0.511	0.99
固原—中卫	0.955	0.732	0.997

表8－7表明，石嘴山与中卫经济增长相关性最高，吴忠与固原最低；银川与石嘴山劳动力市场相关性最高，银川与吴忠最低；吴忠与固原商品市场运输流通相关性最高，银川与中卫最低。

根据王成（2013）指标赋值法，对三个指标赋予不同的权重，地区生产总值增长率的权重为40%；在岗职工工资增长率的权重为30%；社会消费品零售总额增长率的权重为30%。

表8－8为三项指标的城市间经济相关性检验。

表8－8　　　　　　宁夏城市相关性检验

比较城市	相关系数	排名	比较城市	相关系数	排名
银川—石嘴山	0.9502	1	石嘴山—固原	0.8305	6
石嘴山—中卫	0.9188	2	吴忠—中卫	0.8279	7
固原—中卫	0.9007	3	银川—固原	0.8270	8
银川—中卫	0.8971	4	石嘴山—吴忠	0.7667	9
吴忠—固原	0.8309	5	银川—吴忠	0.7531	10

由表8－8可知，第一，银川与石嘴山、石嘴山与中卫、固原与中卫的相关系数均大于0.9，排名依次为第1位、第2位和第3位，城市间经济联系最密切；第二，银川与中卫、吴忠与固原、石嘴山与固原、吴忠与中卫、银川与固原的相关系数介于0.8和0.9之间，差异较小，排名依次为第4位至第8位，城市间经济联系较稳定；第

三、石嘴山与吴忠、银川与吴忠的相关系数在0.75左右，排名分别为第9位和第10位，城市间经济联系较低。

三　宁夏城市间经济联系评价

宁夏城市间经济发展水平不等，城市综合实力差别明显。中心城市银川经济总量、经济质量、经济流量均处于领先。银川吸引了周边地区的技术、信息、资源和人力，但对周边地区经济发展的辐射带动能力有限，特别是对南部地区固原的辐射十分有限。

宁夏5个城市的产业结构有待升级，经济发展均以第二产业为主，产业结构呈现"二三一"的模式。固原处于宁夏南部山区，经济发展以第三产业为主，产业结构合理，经济发展较落后，产业结构为"三二一"模式。中卫旅游资源丰富，经济发展潜力较大，产业结构为"二三一"模式。

宁夏5个城市间经济相关性不高，城市经济发展的协调性有待加深。基于地区生产总值增长率、在岗职工工资增长率和社会消费品零售总额增长率，检验宁夏城市经济增长、劳动力市场、商品市场的联系程度。通过分析发现，银川与石嘴山、石嘴山与中卫、固原与中卫、银川与中卫、吴忠与固原、石嘴山与固原、吴忠与中卫、银川与固原的相关性高，城市间经济联系较为密切。

第一节　宁夏城市间经济联系方向及地缘经济关系测度模型

城市是具有一定的地域范围和住户，产生规模经济的连片地理区域。经济联系是指不同地区之间或者同一地区内部发生的产品、劳务、资金的交换以及技术、信息的交流，各方共同参与形成一定关联性的经济行为。[①] 城市间经济联系是各城市间发生的商品、劳务、资

---

① 参见谢斌《山东省城市经济联系研究》，硕士学位论文，山东师范大学，2016年。

金和信息技术等的交换行为。① 自万有引力定律首次引入城市经济联系研究以来，引力模型已逐渐发展成为测算城市间经济联系的重要工具。城市间经济联系强度表示两个或多个城市间经济联系量，经济联系量越大，城市间经济联系越紧密，否则，城市间经济联系越疏远。

经济隶属度是经济联系强度的另一种表现形式，更进一步反映了城市间经济联系的程度和方向。经济隶属度数值越大，表明一个城市对另外一个城市的经济依赖度更高、经济联系方向更明确、经济联系更密切。城市间地缘经济关系，包括合作关系和竞争关系，以及强弱程度。如果城市间劳动力结构、资源禀赋状况以及科学技术发展等方面具有较大相似性，两城市经济关系就表现为竞争关系，具体表现在对劳动力、资源、资金和技术的争夺上。如果城市间在以上方面差异较为明显，两城市间的合作愿望可能就比较强烈，城市关系表现为合作关系。所谓城市间地缘经济关系，就是依据城市经济发展不同的前提，各个城市根据自身资源禀赋情况，在劳动、资本、技术和信息等经济要素的利用和交流中形成的竞争或互补关系。②

一　城市间经济联系测度

对于城市间经济联系强度测度模型，许多学者如苗长虹（2006）、姜海宁（2008）、丁洪建（2008）等，都是直接使用原始的引力模型测度城市间经济联系强度的。随着现代城市经济的发展，生产要素、商品流通、交通交往、信息交流以及科技的飞速发展，直接采用原始引力模型已不满足其使用条件，也就不能准确衡量城市间的经济联系强度。王德忠（1996）加入了接受程度系数，考察受辐射城市接受中心城市影响力的程度。张雪花（2007）加入土地面积、人力资源投入调节系数、经济资源投入调节系数和环境资源投入调节系数考察城市系统间的联系强度。邓春玉（2009）加入克鲁格曼系数和信息化指数，重新构建了经济联系强度模型。

---

① 许学强、周一星、宁越敏：《城市地理学》，高等教育出版社2003年版，第148—182页。

② 张学波、武友德、明庆忠等：《地缘经济关系研究的理论与方法探讨》，《云南师范大学学报》（自然科学版）2006年第3期。

借鉴王成（2013）的修正方式，引入经济贡献率 k，解决城市间彼此贡献度不同的问题。本部分测算宁夏5个地级及以上城市间的经济联系强度，明确城市的经济联系量，了解城市经济联系。

（一）原始的引力模型

原始的引力模型为：

$$R_{ij} = \frac{\sqrt{P_i \cdot G_i} \sqrt{P_j \cdot G_j}}{D_{ij}^2} \tag{8-1}$$

其中，R_{ij} 代表城市间的经济联系强度，P_i 和 P_j 分别表示这两个城市的市辖区人口数量，G_i 和 G_j 分别表示这两个城市的市辖区地区生产总值，D_{ij} 表示两个城市之间的交通距离。

（二）修正后的引力模型

甲城市对乙城市的影响和乙城市对甲城市的影响不同，引入参数 k 表示经济贡献度，对引力模型进行修正。[①]

修正后的引力模型为：

$$R_{ij} = k_{ij} \frac{\sqrt{P_i \cdot G_i} \sqrt{P_j \cdot G_j}}{D_{ij}^2}, \quad k_{ij} = G_i / (G_i + G_j) \tag{8-2}$$

其中，R_{ij} 代表城市间的经济联系强度，k_{ij} 表示城市 i 对城市 j 的贡献率。P_i 和 P_j 分别表示两个城市的常住人口数，G_i 和 G_j 分别表示两个城市的地区生产总值，D_{ij} 表示两个城市之间的交通距离，这里采用的是公路里程。

二 城市间经济联系方向测度模型

城市间经济联系方向指的是主要联系方向，反映了城市经济联系的依赖状况。经济隶属度表示一个城市对另外一个城市的依赖度，经济隶属度越高，城市间的经济依赖度越高，城市经济联系方向越明确。经济隶属度源于经济联系强度，计算公式为：

$$F_{ij} = \frac{R_{ij}}{\sum_{j=1}^{n} R_{ij}} \tag{8-3}$$

[①] 王成：《吉林省中部城市群中心与外围城市经济联系研究》，硕士学位论文，吉林大学，2013年。

其中，F_{ij}表示城市间的经济隶属度，R_{ij}代表城市间的经济联系强度。

三 城市间地缘经济关系测度模型

城市经济关系的研究，主要是判别城市间存在合作关系还是竞争关系及关系的强弱程度，以便有针对性地调整区域经济发展战略。一般来讲，若城市间经济发展水平、资源禀赋状况等方面具有较大相似性，两城市经济关系表现为竞争关系，具体表现在对资源、劳动力、资金和技术的争夺。如果城市间在以上方面差异较为明显，两城市间的合作愿望可能就比较强烈，城市关系表现为合作关系。

（一）指标选取

城市经济关系的定量化研究中，欧式距离法被学术界普遍沿用。我国最先提出并使用这一方法的是温志宏（1998），从投资、劳动效率、农产品供给三个角度考察福建的地缘经济关系。生产要素与经济产品在城市间的流动表现为，生产要素从低效的城市流向高效的城市，经济产品从低消费城市流向高消费城市。王艺和张帅（2018）剔除产品流动，加入科学技术指标，分析日照市的地缘经济关系。许露元、邬丽萍（2016）加入城市发展、开放程度和交通指标，探讨北部湾城市间的地缘经济关系。刘荣增（2017）加入第一产业产值、第三产业产值、金融机构存款以及公路货运指标，探讨河南省际地缘经济关系。王娟娟和杜佳麟（2017）在借鉴上述部分指标的情况下，加入第二产业产值和高等学校学生在校数以及使用外资情况，分析了"一带一路"沿线重点省际的地缘经济关系。

随着区域经济和城市经济的发展，对外交往越来越重要。进出口总额、邮电业务总量对城市地缘经济关系的影响越发重要。借鉴已有研究成果，考虑数据的可得性和可操作性，选取消费能力、投资效率、科学技术、教育发展、劳动力、第二产业增加值、第三产业增加值、对外联系、邮电发展九项指标测度城市间地缘经济关系。

1. 测度指标

$X_{i1} = i$ 城市的社会消费品零售总额/该城市的国内生产总值

$X_{i2} = i$ 城市的固定资产投资/该城市的国内生产总值

$X_{i3} = i$ 城市的科学研究和技术服务业投资/该城市的国内生产总值

$X_{i4} = i$ 城市的教育投资/该城市的国内生产总值

$X_{i5} = i$ 城市的城镇就业人数/该城市的总就业人数

$X_{i6} = i$ 城市的第二产业增加值/该城市的三大产业增加值总额

$X_{i7} = i$ 城市的第三产业增加值/该城市的三大产业增加值总额

$X_{i8} = i$ 城市的进出口总额/该城市的国内生产总值

$X_{i9} = i$ 城市的邮电业务总量/该城市的国内生产总值

其中，$i = 1, 2, 3, 4, 5$。

2. 指标说明

X_{i1} 表示该城市的消费能力，数值越大，表明消费能力越高；X_{i2} 表示资金的余缺程度，数值越大，表明资金相对富裕；X_{i3} 表示科技水平，数值越大，表明科技水平高；X_{i4} 表示该城市的教育水平，数值越大，表示教育状况相对较好；X_{i5} 表示劳动力规模，数值越大，表示劳动力市场相对较好；X_{i6} 表示第二产业水平，数值越大，表明第二产业发展越好；X_{i7} 表示第三产业水平，数值越大，表明第三产业发展越好；X_{i8} 表示对外联系水平，数值越大，表明对外联系紧密；X_{i9} 表示邮电业务水平，数值越大，表明邮电业务需求越高。

（二）指标数据的标准化

采用 Z - Score 法对数据进行无量纲化处理，处理后的数据符合正态分布。标准化公式为：

$$ZX_{ij} = \frac{X_{ij} - \overline{X}_j}{S_j} \qquad (8-4)$$

$$\overline{X}_j = \frac{1}{n} \sum_{i=1}^{n} X_{ij} \qquad (8-5)$$

$$S_j = \sqrt{\frac{1}{n} \sum_{i=1}^{n} \left(X_{ij} - \frac{1}{n} \sum_{i=1}^{n} X_{ij} \right)^2} \qquad (8-6)$$

其中，S_j 表示 j 指标的标准差，n 表示各指标的样本个数（$n = 5$），$\overline{X}_j$ 表示 j 指标的平均值，ZX_{ij} 表示标准化的第 i 个城市的第 j 个指标。

（三）欧氏距离的计算及标准化

计算两个城市的欧氏距离，具体的公式为：

$$ED_{ij} = \sqrt{\sum_{s=1}^{m}(ZX_{is} - ZX_{js})^2} \qquad (8-7)$$

其中，ED_{ij}表示 i 城市和 j 城市的欧式距离，ZX_{is}表示 i 城市的 s 指标，ZX_{js}表示中心城市 j 城市的 s 指标，m 为指标个数。ED_{ij}越大，表示两城市差异性越大，城市经济关系表现为互补关系。ED_{ij}越小，表示两城市差异性越小，城市经济关系表现为竞争关系。为了使两城市的经济关系具有强烈对比性，采用 Z – Score 法将欧式距离进行标准化，标准化公式为：

$$ED'_i = \frac{ED_{ij} - \overline{ED_i}}{S_i} \qquad (8-8)$$

$$S_i = \sqrt{\frac{1}{n}\sum_{i=1}^{n}(ED_{ij} - \overline{ED_i})^2} \qquad (8-9)$$

其中，$\overline{ED_i}$表示各城市欧氏距离的均值，S_i表示各城市欧氏距离的标准差，ED'_i表示标准化处理后的欧氏距离。如果 $ED'_i > 0$，表示城市为互补关系，其绝对值越大，互补性越强；如果 $ED'_i < 0$，表示城市为竞争关系，其绝对值越大，竞争性越强。

（四）欧氏距离的调整

宁夏 5 个城市地形地貌差距显著，城市间公路距离差异较大，城市交通和区位条件影响劳动力、资金等的流动，而区位条件和地形地貌又直接或间接地影响城市间的经济关系。考虑到以上因素，借鉴温志宏（1998）关于距离调整选择权数的方法，按照公路距离的远近调整标准化的 ED'_i。具体做法：参照城市间公路距离由近及远，权数依次取 2、1.5、1 和 0.5，用标准化的 ED'_i 乘以权数，即调整后的欧式距离。

四 数据来源

宁夏城市经济联系强度、经济联系方向、地缘经济关系相关数据均源于《宁夏统计年鉴（2017）》。环境空气质量综合指数源于宁夏环境保护网，运输客运量、运输货运量和邮电业务总量数据来源于宁夏各市 2016 年国民经济和社会发展统计公报。

第三节　宁夏城市间经济联系方向与地缘经济关系

认识城市间经济联系是制定区域经济协调发展政策的基础。城市间由于自然条件、资源禀赋、经济结构等不同形成竞争型或合作型的地缘经济关系，平衡西部地区城市间经济竞争与合作是其经济协调发展的条件。本节首先量化宁夏各地级及以上城市的经济联系，确定宁夏城市经济联系的基本方向；其次，借鉴他人研究的成果，测度城市间地缘经济关系，探讨宁夏城市间经济合作或竞争的强弱程度。充分把握宁夏城市间经济联系方向和地缘经济关系，有利于深入推进西部地区城市化发展，塑造未来城市合作空间，加强城市间沟通，助力西部地区全方位开放新格局的形成。

一　宁夏城市间经济联系强度测度及分析

（一）测度结果

2016年宁夏城市间公路距离见表8－9。

表8－9　　　　　　2016年宁夏城市间公路距离

城市	距银川公路里程数（千米）	距石嘴山公路里程数（千米）	距吴忠公路里程数（千米）	距固原公路里程数（千米）	距中卫公路里程数（千米）
银川	—	76	69	336	206
石嘴山	77	—	126	392	261
吴忠	69	132	—	273	142
固原	336	399	273	—	219
中卫	205	268	142	218	—

资料来源：www.SupFree.Net。

将表8－9的数据代入式（8－2）计算整理而得表8－10。

表 8-10　　　　　　　　2016 年宁夏城市间经济联系强度

城市	银川	石嘴山	吴忠	固原	中卫
银川	—	5.04	6.65	0.12	0.48
石嘴山	15.53	—	1.46	0.07	0.23
吴忠	24.34	1.55	—	0.20	1.05
固原	0.78	0.15	0.37	—	0.41
中卫	2.30	0.34	1.37	0.29	—

资料来源：根据《宁夏统计年鉴（2017）》及 www.SupFree.Net 数据计算整理而得。

（二）结果分析

一般而言，经济联系强度越大，表明城市间经济交流越频繁、经济联系越密切。根据表 8-10 计算所得的宁夏城市间经济联系强度可知，银川与其余四个城市的经济联系强度差异明显。银川与吴忠的经济联系量最大（24.34），经济联系最密切，与固原的经济联系量最小（0.78），经济联系比较疏远。吴忠的常住人口数和地区生产总值高于固原，固原与银川的公路距离远远大于吴忠。石嘴山与银川的经济联系强度最大（5.04），经济联系密切，与固原的经济联系最弱（0.15）。固原市的常住人口数以及地区生产总值远远不及银川，固原与石嘴山的公路距离远。吴忠与银川的经济联系强度最大（6.65），经济联系最密切，与固原的经济联系最弱（0.37）。固原与其他城市的联系：固原与中卫的经济联系强度最大（0.29），经济联系较强，与石嘴山的经济联系最弱（0.07）。虽然石嘴山的地区生产总值是中卫的 1.5 倍左右，中卫的常住人口数是石嘴山的 1.4 倍，但距离远，中卫与固原的距离小于石嘴山。中卫与其他城市的经济联系：中卫与吴忠的经济联系强度最大（1.05），经济联系较密切，与石嘴山的经济联系最弱（0.23）。吴忠与中卫的公路距离较近。

（三）研究结论

宁夏城市间经济联系强度与城市间公路距离成反比关系。即城市间公路距离越大，经济联系强度越低；城市间公路距离越小，经济联系强度越大。银川与其他城市公路距离从小到大依次为吴忠（69 千米)、石嘴山 (77 千米)、中卫 (205 千米)、固原 (336 千米)。银川与其他 4 个城市的经济联系强度分别为吴忠 (24.34)、石嘴山 (15.53)、中卫 (2.30)、固原 (0.78)。可以看出,经济联系强度随着公路距离的增加逐渐减小。中卫与固原的经济联系强度 (0.29) 小于银川与固原的经济联系强度 (0.78)。宁夏城市综合实力与经济贡献成正比关系。城市综合实力越强,对其他城市的经济贡献度越高。

二 宁夏城市间经济联系方向测度及分析

(一) 测度结果

根据表 8-10 和式 (8-3),得到宁夏城市间经济隶属度 (经济联系方向) 的值 (见表 8-11)。

表 8-11　　　　　2016 年宁夏城市经济联系方向　　　　单位:%

城市	银川	石嘴山	吴忠	固原	中卫
银川	—	71.23	67.47	17.05	22.01
石嘴山	36.15	—	14.85	10.52	10.72
吴忠	56.66	21.93	—	29.31	48.34
固原	1.83	2.10	3.74	—	18.93
中卫	5.36	4.75	13.94	43.12	—

资料来源:根据《宁夏统计年鉴 (2017)》数据计算整理而得。

(二) 结果分析

经济隶属度是经济联系强度的另一种表现形式,反映城市间经济联系的方向。经济隶属度数值越高,经济联系方向越明确。

由表 8-11 可知,其他 4 个城市对银川的经济隶属度超过 35% 的有吴忠和石嘴山,经济隶属度最高的是吴忠,最低的是固原,表明吴忠和石嘴山的对外经济联系方向主要是银川。从其他 4 个城市对石嘴山的经济隶属度来看,超过 20% 的有银川和吴忠,经济隶属度最高的是银川,最低的是固原,表明银川和吴忠的对外经济联系方向主要是石嘴山。从其他 4 个城市对吴忠的经济隶属度来看,最高的是银川,超过 60%,其次是石嘴山,最低的是固原,表明银川和石嘴山的对外经济联系方向主要是吴忠。从其他 4 个城市对固原的经济隶属度来看，最高的是中卫，超过 40%，其次是吴忠，表明中卫和吴忠的对外经济联系方向主要是固原。从其他 4 个城市对中卫的经济隶属度来看，最高的是吴忠，超过 45%，其次是银川，最低的是石嘴山，表明吴忠和银川的对外经济联系方向主要是中卫。

（三）研究结论

宁夏城市间经济联系方向与城市公路距离成反比关系，即城市间公路距离越小，城市间经济隶属度越高，城市间经济联系方向越明确。以城市间的经济隶属度来看，各城市对与其公路距离最近的城市的经济隶属度最高，如距离银川最近的两个城市吴忠（69 千米）和石嘴山（77 千米），经济隶属度分别达到 55.66% 和 36.15%，表明这两个城市的对外经济联系方向主要是银川。银川对距离较近城市的辐射带动能力大。

三 宁夏城市间地缘经济关系测度及分析

（一）宁夏城市间地缘经济关系测度

根据式（8-4）、式（8-7）、式（8-8）、式（8-9），分别计算银川、石嘴山、吴忠、固原和中卫的欧式距离。计算结果如表 8-12 所示。

表 8-12　　　　　　　　宁夏城市间的欧氏距离

城市	银川	石嘴山	吴忠	固原	中卫
银川	—	-0.70	2.74	1.08	2.03
石嘴山	-2.15	—	-0.53	0.31	-0.08
吴忠	0.15	-1.21	—	-1.36	-2.12
固原	0.38	0.73	-0.01	—	-0.13
中卫	0.61	-0.31	-1.00	-1.58	—

资料来源：根据《宁夏统计年鉴（2017）》数据计算整理而得。

根据调整后的欧氏距离值将城市经济关系分为以下 5 种类型，见表 8-13。

表 8-13　　　　　　　宁夏城市间地缘经济关系分类

经济关系	阈值区间
强互补型	$ED'_I > 1.0$
较强互补型	$0.5 < ED'_I \leq 1.0$
互补竞争不确定型	$-0.5 < ED'_I \leq 0.5$
较强竞争型	$-1.0 < ED'_I \leq -0.5$
强竞争型	$ED'_I \leq -1.0$

(二) 宁夏城市间地缘经济关系分析

结合表 8-12 和表 8-13 的数据可知，宁夏城市间地缘经济关系主要分为以下几种情况：

第一，强互补型关系。以吴忠、固原、中卫为中心时，银川与吴忠、银川与固原、银川与中卫三对城市的地缘经济关系呈现为强互补型。表明三对城市在各方面具有合作的可能性，可以利用相对优势，积极拓展相互合作，进一步加强城市经济联系。

第二，较强互补型关系。以银川、石嘴山为中心时，中卫与银川、固原与石嘴山的地缘经济关系呈现较强互补型。表明两对城市在投资、消费等方面合作的潜力较大，继续加强合作将有利于城市间的持续健康发展。

第三，互补竞争不确定型关系。以银川、石嘴山、吴忠、固原和中卫为中心时，吴忠与银川、固原与银川、中卫与石嘴山、固原与吴忠、石嘴山与固原、石嘴山与中卫、固原与中卫七对城市的地缘经济关系呈现互补竞争不确定型。一般而言，经济关系无法确定的时候，就需要继续加强合作，增强城市互补性。

第四，较强竞争型关系。以石嘴山、吴忠为中心时，银川与石嘴山、中卫与吴忠、石嘴山与吴忠三对城市呈现的地缘经济关系是较强竞争型。城市发展过程中可能会出现抢夺人才、资源、市场和资金等情况。

第五，强竞争型关系。以银川、石嘴山、固原、中卫为中心时，石嘴山与银川、吴忠与石嘴山、吴忠与固原、中卫与固原、吴忠与中卫五对城市的地缘经济关系为强竞争型。说明这五对城市在经济结构、资源配置、产业结构等方面存在较大相似性，城市经济发展表现为竞争关系，需要及时将竞争型的关系转化为互补型的关系，根据城市经济发展实际，调整发展战略，积极与其他城市合作。

四 宁夏城市间经济联系与地缘经济关系匹配分析

（一）宁夏城市间经济联系与地缘经济关系匹配结果

根据城市间经济联系强度的大小，将城市间经济联系类型分为以下5个级别（见表8-14）。

表8-14　　　　　　　　宁夏城市间经济联系分类

经济联系类型	阈值区间
强经济联系	$R_{ij} > 4.0$
较强经济联系	$1.0 < R_{ij} \leq 4.0$
一般经济联系	$0.5 < R_{ij} \leq 1.0$
较弱经济联系	$0.3 < R_{ij} \leq 0.5$
弱经济联系	$R_{ij} \leq 0.3$

将经济联系强度和经济关系相结合，借助地缘经济关系匹配矩阵，分析宁夏城市间的经济联系及其关系，如表8-15所示。

表8-15　　　　　　　　经济联系与地缘经济关系匹配

关系	强/较强经济联系	一般/较弱/弱经济联系
强、较强互补型	深化合作型	加强合作型
竞争互补不确定型	增强互补型	加强合作增强互补型
强、较强竞争型	调整战略型	调整战略加强合作型

以某城市为中心，考察其他4个城市与该城市的欧氏距离和经济联系强度，两城市的欧氏距离和经济联系强度会发生变化，说明以不同城市为主要辐射力城市的时候，其对该城市的影响可能不同于另外一个城市对自身的影响。将宁夏5个城市两两对比，结合表8-15的匹配矩阵，得到宁夏城市间经济联系与地缘经济关系匹配结果，具体

见表8-16。

表8-16　　宁夏城市间经济联系与地缘经济关系匹配情况

关系	欧氏距离	经济关系	经济联系量	经济联系等级	策略选择
石嘴山→银川	-2.15	强竞争型	15.53	强经济联系	调整战略型
银川→石嘴山	-0.70	较强竞争型	5.04		
吴忠→银川	0.15	竞争互补不确定型	24.34	强经济联系	增强互补型
银川→吴忠	2.74	强互补型	6.65		深化合作型
固原→银川	0.38	竞争互补不确定型	0.78	一般经济联系	加强合作增强互补型
银川→固原	1.08	强互补型	0.12	弱经济联系	加强合作型
中卫→银川	0.61	较强互补型	2.30	较强经济联系	深化合作型
银川→中卫	2.03	强互补型	0.48	较弱经济联系	加强合作型
吴忠→石嘴山	-1.21	强竞争型	1.55	较弱经济联系	调整战略型
石嘴山→吴忠	-0.53	较强竞争型	1.46		
中卫→石嘴山	-0.31	竞争互补	0.34	较弱经济联系	加强合作增强互补型
石嘴山→中卫	-0.08	不确定型	0.23	弱经济联系	
固原→石嘴山	0.73	较强互补型	0.15	弱经济联系	加强合作型
石嘴山→固原	0.31	竞争互补不确定型	0.07		加强合作增强互补型
固原→吴忠	-0.01	竞争互补不确定型	0.37	较弱经济联系	加强合作增强互补型
吴忠→固原	-1.36	强竞争型	0.20		调整战略加强合作型
中卫→吴忠	-1.00	较强竞争型	1.37	较强经济联系	调整战略型
吴忠→中卫	-2.12	强竞争型	1.05		
中卫→固原	-1.58	强竞争型	0.29	弱经济联系	调整战略加强合作型
固原→中卫	-0.13	竞争互补不确定型	0.41	较弱经济联系	加强合作增强互补型

强（较强）互补型与强（较强）经济联系的两城市，属于深化合作型的经济匹配关系；强（较强）互补型与一般（较弱/弱）经济

联系的两城市，属于加强合作型的经济匹配关系；竞争互补不确定型与强（较强）经济联系的两城市，属于增强互补型的经济匹配关系；竞争互补不确定型与一般（较弱/弱）经济联系的两城市，属于加强合作增强互补型；强（较强）竞争型与强（较强）经济联系的两城市，属于调整战略型的经济匹配关系；强（较强）竞争型与一般（较弱/弱）经济联系的两城市，属于调整战略加强合作型的经济匹配关系。

（二）宁夏城市间经济联系与地缘经济关系匹配分析

1. 经济关系为较强竞争型

经济联系较为密切，城市经济发展水平具有很大相似性的两个城市，在资源、人才、科技和资金等方面容易产生竞争。对于这类城市的发展，就需要及时调整战略，积极引导其健康发展。例如石嘴山与银川（为中心）的欧式距离和银川与石嘴山（为中心）的欧式距离不同。前者表示的是银川对石嘴山的辐射影响，后者表现的是石嘴山对银川的辐射影响。由于城市综合实力不同，因而欧式距离和经济联系量可能也会不同，进而呈现出不同的经济关系（强竞争型和较强竞争型）和强经济联系。依靠银川和石嘴山双向的经济关系确定两城市间发展战略为调整战略型，两城市的经济结构、产业发展以及其他方面具有竞争性，需要积极引导，及时调整发展战略。值得注意的是，吴忠与石嘴山、中卫与吴忠均为较强经济联系，经济关系为强竞争型或较强竞争型，同时表明这两对城市的经济发展结构具有较大相似性，城市间关系主要表现为竞争型，需要及时调整发展战略，引导城市间健康发展。

2. 经济关系为强互补型和竞争互补不确定型

这类城市一般以合作发展为主，不会抢占经济资源，发展战略以加强合作、增强互补为主。固原与银川（为中心）、银川与固原（为中心）的经济联系分别为一般经济联系和弱经济联系，经济关系分别为竞争互补不确定型和强互补型。总体来看，两城市间发展差异较大，合作潜力有很大提升空间，今后要加强合作，增强互补，互通有无。同样，固原与石嘴山、中卫与石嘴山两对城市采取的策略为加强合作，增强互补。前一对城市间经济联系为弱经济联系，经济关系为较强互补型和竞争互补不确定型。后一对城市间经济联系较弱，经济关系无法确定。另外，中卫与银川两城市间经济联系为较强和较弱经济联系，城市经济关系为较强互补型和强互补型，表明两城市是互补型，要注意防范竞争，在深化合作的同时，及时调整合作方向。吴忠与银川具有强经济联系，经济关系分别为竞争互补不确定型和强互补型，两城市的合作性大于竞争性。

3. 经济关系为强竞争型和竞争互补不确定型

在某些领域存在竞争关系而在某些领域存在合作关系的两城市，如固原与吴忠（为中心）、吴忠与固原（为中心）的经济关系分别为竞争互补不确定型和强竞争型，经济联系均为弱经济联系。一方面表明两城市间具有合作的潜能；另一方面也说明两城市间具有相似性，有可能产生竞争。固原的第三产业和吴忠的第二产业有合作潜力，但是两城市均为回族聚集地，可能在清真食品等行业形成竞争。这就要求两城市在增强互补的同时，加强合作，调整战略，引导健康竞争，促进合理可持续发展。中卫与固原两城市间为弱经济联系和较弱经济联系，城市经济关系为强竞争型和竞争互补不确定型。两个城市的旅游业较为发达，应避免产生恶性竞争，要及时调整发展战略，促进旅游业协同发展。

（三）宁夏城市间经济联系与地缘经济关系的评价

通过两两对比分析宁夏 5 个地级及以上城市的对外经济联系强度和方向，更加清楚地梳理出城市间的经济联系状态，找到城市经济发展的特征。通过实证分析发现，宁夏城市间经济联系强度差异较大，经济联系主要受公路距离和城市综合实力影响。银川、石嘴山与吴忠作为区域内经济实力较强的城市，其公路距离近，城市间经济联系强度、城市经济隶属度明显高于其他城市。尤其是银川作为区域内中心城市，对其他两个城市的经济发展具有辐射带动作用。受公路距离的限制和城市经济实力的影响，其他城市没有发挥辐射带动作用。

宁夏城市间地缘经济关系比较复杂：经济联系较好的城市地缘经济关系主要表现为竞争型关系；经济联系较差的城市地缘经济关系主

要表现为互补型关系。具有竞争型关系的城市，其经济发展水平具有很大的相似性，在资源、人才、科技和资金等方面容易产生竞争。对于这类城市，需要及时调整战略，引导其健康发展。具有互补型关系的城市，不会出现过多抢占经济资源的现象，其发展战略还是以加强合作、增强互补为主。

五　结论和政策建议

（一）宁夏城市间经济相关性

1. 经济总量、质量和流量

经济总量呈现由中北部向南部的递减态势，即宁夏城市的综合经济实力由中北部向南部递减。在地区生产总值、人均地区生产总值和城镇人均可支配收入、固定资产投资、社会消费品零售总额和财政收入方面，银川的总量指标最高，固原的总量指标最低，其余城市的总量指标由北向南递减。

宁夏中北部城市的经济发展质量较好，然而环境空气质量不佳，城市产业结构有待进一步优化提升。从产业增加值来看，除第一产业外，第二、第三产业增加值大致呈现由南部向中北部的递增特征；从产业结构比来看，除固原是"三二一"的模式，其余4个城市均表现为"二三一"的发展模式；从城镇化率来看，宁夏北部城镇化率优于南部；从环境空气质量综合指数来看，宁夏南部城市好于中北部。

银川和中卫的对外经济联系密切。从进出口总额来看，由中北部向南部递减，宁夏中北部城市大于南部；从邮电业务总量来看，位于宁夏最北部的城市石嘴山和最南部城市固原的值较低；从客运量来看，两极分化严重，银川占据绝对优势，中部城市吴忠无竞争优势；从货运量来看，银川市占据绝对优势，石嘴山市值较低。

2. 经济相关性

宁夏城市间经济具有较好的协同性，城市间经济联系比较密切。具体来看，城市间的地区生产总值增长率和社会消费品零售总额增长率具有很好的趋同性。城市在岗职工工资总额增长率不趋同。

宁夏城市间经济相关性较高，城市经济的协调性有待加强。通过分析发现，有八对城市的指标相关性比较高，即银川与石嘴山、石嘴山与中卫、固原与中卫、银川与中卫、吴忠与固原、石嘴山与固原、吴忠与中卫、银川与固原城市间的经济联系密切。而吴忠与银川、石嘴山与银川这两对城市的指标相关性较低，城市间的经济联系程度较低。

(二) 宁夏城市间经济联系

1. 城市间经济联系强度

城市间经济联系强度与公路距离成反比。城市间公路距离越大，经济联系强度越低；城市间公路距离越小，经济联系强度越大。各城市间公路距离远近不一，自身综合实力不等，经济联系差异较大。吴忠、中卫两城市与固原的公路距离较近，因而其与固原的经济联系强度高，经济联系密切；银川、石嘴山两城市与固原的公路距离最远，因而其与固原的经济联系强度最低，经济联系最弱。

城市间经济联系强度与综合实力成正比。城市综合实力越强，对其他城市的经济贡献度就越高，对外经济联系亦越强。银川作为区域中心城市，依靠自身强大的经济实力，对周围城市的经济贡献度最高。石嘴山和吴忠作为区域次级中心城市，经济实力远不如银川，因而对周围地区的经济辐射作用弱。固原和中卫的综合实力较低，自身经济发展还有待提升，对周围地区的经济辐射作用明显低于吴忠。银川是全区政治、经济、文化和科技中心，能够吸引周边城市的技术、资源及要素的合理流入，城市集聚功能提升；同时，银川又依靠其较强的经济实力辐射带动了周围城市的发展。固原受区位条件限制，城市综合实力不足，因而对周围地区的辐射作用有限。

2. 城市间经济联系方向

城市间经济联系方向与公路距离成反比关系。城市间公路距离越小，城市间经济隶属度越高，城市间经济联系方向越明确。城市间公路距离的远近，在很大程度上决定了其对外经济联系的方向。公路距离近的两个城市，经济隶属度高。与银川公路距离较近的吴忠和石嘴山两城市对银川的经济隶属度明显高于与银川公路距离较远的中卫和固原，吴忠和石嘴山的主要对外经济联系方向是与其公路距离近的城市。银川和吴忠距离石嘴山的公路距离小于固原和中卫，因而其主要对外经济联系方向是石嘴山。同理，银川和石嘴山的对外经济联系方向主要是吴忠。吴忠和中卫与固原公路距离小于银川和石嘴山，因而其对外经济联系方向主要是固原。银川和吴忠与中卫的公路距离小于石嘴山和固原，因而其对外经济联系方向主要是中卫。

3. 城市间经济联系格局

宁夏城市间经济联系呈现"北紧南疏"的格局。宁夏城市间经济联系程度较低，中心城市银川对其他4个城市的辐射扩散作用不足，城市经济联系不够紧密，城市经济活动不能协调健康发展。中心城市银川的辐射范围主要是石嘴山和吴忠，它对公路距离较远的中卫和固原的辐射带动能力有限，说明中心城市有待继续加强引领和带动作用。发展程度较低的各次级中心城市对其他城市的集聚和扩散作用更加有限，城市间经济发展等级比较明显，缺乏协调性。相对来讲，宁夏北部地区城市间的经济联系比较密切，宁夏南部地区城市间比较疏远。究其原因，既有自然因素又有社会因素。宁夏北部地区地势较平坦，资源较丰富，城市经济发展水平较高，科技和高素质人才比较集中。因而宁夏城市间经济联系呈现"北紧南疏"的格局，即北部地区城市经济联系较密切，而南部地区城市间经济联系较疏远。

(三) 宁夏城市间地缘经济关系

1. 城市间地缘经济关系

宁夏城市间地缘经济关系分为五种类型。一为强互补型关系。代表城市有银川与吴忠、银川与固原、银川与中卫三对城市，它们的地缘经济关系呈现为强互补型。二为较强互补型关系。中卫与银川、固原与石嘴山两对城市的地缘经济关系为较强互补型。三为竞争互补不确定型关系。吴忠与银川、固原与银川、中卫与石嘴山、固原与吴忠、石嘴山与固原、石嘴山与中卫、固原与中卫七对城市的地缘经济关系为竞争互补不确定型。四为较强竞争型关系。银川与石嘴山、中卫与吴忠、石嘴山与吴忠三对城市的地缘经济关系是较强竞争型。五为强竞争型关系。石嘴山与银川、吴忠与石嘴山、吴忠与固原、中卫与固原、吴忠与中卫五对城市的地缘经济关系为强竞争型。

2. 城市间经济联系与地缘经济关系匹配结果

城市间经济联系与地缘经济关系具有相适应性。①具有较强或强经济联系的两城市，经济关系一般表现为较强竞争型，如银川与石嘴山、石嘴山与吴忠、吴忠与中卫，表明城市间在经济发展结构等方面具有较大相似性，城市间主要表现为竞争型关系，需要及时调整发展战略，引导城市间健康有序发展。②具有一般、较弱和弱经济联系的两城市，经济关系可以表现为强互补型和竞争互补不确定型。固原与银川、固原与石嘴山、中卫与石嘴山，这类城市一般以合作发展为主，不会出现抢占经济资源的现象，发展战略以加强合作、增强互补为主。③具有一般、较弱和弱经济联系的两城市，经济关系可以表现为强竞争型和竞争互补不确定型。固原与吴忠、中卫与固原两对城市在某些领域存在竞争关系，而在另一些领域存在合作关系，应加强合作，增强互补，同时调整战略，引导其健康竞争，合理可持续发展。

（四）宁夏城市间经济联系和地缘经济关系的影响因素

影响城市间经济联系强弱的因素主要有地区生产总值、常住人口数及城市间公路距离。根据城市间经济联系测度模型以及实证研究结果发现，地区生产总值和常住人口数与城市对外经济联系成正比关系，两者数值越高，城市对外经济联系越强。城市间公路距离与城市间经济联系成反比关系，公路距离越小，城市间经济联系程度越高。银川的地区生产总值和常住人口占有绝对优势，其他城市则无明显竞争优势。

影响城市间地缘经济关系的因素包括消费能力、投资效率、科学技术、教育发展、劳动力、产业增加值及对外交流和邮电发展。基于前文研究发现，这些指标值越高，城市间欧式距离越小，城市间的差异性就越小，城市间地缘经济关系表现为竞争关系；指标值越低，城市间的差异性越大，城市间地缘经济关系为互补关系。

（五）对策建议

根据前文对宁夏城市间经济联系强度、经济联系方向、地缘经济关系及匹配的分析，结合宁夏城市经济发展的实际情况，提出发挥区域经济优势、实现区域经济协调健康发展的对策建议。

1. 加快基础设施建设，完善城市交通网络

由经济联系强度分析结果可知，城市间公路距离的远近对城市对外经济联系产生较大影响。在保持其他影响因素不变的前提下，公路距离越近，城市间经济联系越强；宁夏5个地级城市间主要以公路为主，公路是城市间经济联系的枢纽，一般来讲，铁路对于城市间经济联系的沟通作用好于公路。然而截至目前，根据中国铁路客户服务中心查询可知，银川与吴忠、石嘴山与吴忠和固原、吴忠与中卫和固原的直达铁路线并未开通，因而暂不能用铁路距离的远近来反映城市间经济联系。据悉，"十三五"期间，宁夏在建城际铁路（吴忠至中卫段）、银西高铁（宁夏段）和中兰高铁（宁夏段）3条，分别计划于2018年年底、2020年和2022年全线建成通车，届时，银川、吴忠和中卫都将纳入全国高速铁路网之中，城市间距离对城市经济联系的制约作用将逐步下降。此外，宝中铁路固原至中宁段进行扩能改造，计划于"十三五"末期建成通车，银包高铁也争取在"十三五"末期建成通车。区内城际轨道交通将会构建起以银川为核心、五市同城化的城际快速轨道网络，加强各个城市与外界的经济联系和沟通。

2. 增强区域中心城市的集聚和辐射能力

中心城市是整个区域经济增长和发展的先导和关键，银川是宁夏的增长极，对其他城市发展无疑具有重要的辐射带动作用。但从前文的分析可以看到，由于中心城市本身发展实力不足，银川对中卫和固原的辐射带动作用并不明显。这就要求银川依靠其区位优势，全方位发展，努力提高综合实力。城市间经济发展不平衡，经济发展差异明显。城市外围地区经济的发展，除了依靠中心城市的带动和辐射，还要依托自身发展潜能，由内而外发展。其他4个城市是区域次级中心城市，对所辖县（区）的经济发展同样具有关键作用。各城市应明确城市间经济关系，转竞争为协调，转协调为健康。具体分析各城市产业的关系，如果城市或者产业关系为竞争型，则要进行积极引导，及时调整发展战略，促进合作；如果城市或产业关系为互补型，城市间合作的潜力较大，更要加强合作，增进互补性。通过培育各级城市增长极，发挥城市间的集聚和扩散作用，带动各中心城市发展，由各中

心城市再带动所辖县（区）经济发展，由此形成良性互动，推进宁夏区域协调发展。

3. 合理定位五个城市的优势和功能

宁夏为"新丝绸之路经济带"必经之地和核心地带，具有极其重要的作用。宁夏地处西北内陆，"一带一路"倡议为宁夏的经济发展提供了重要机遇。作为全国首个内陆开放型经济试验区、中国—阿拉伯国家博览会永久举办地，宁夏逐渐成为"丝绸之路经济带"沿线国家"向东看"和中国"向西看"的新通道和新平台。[①] 宁夏需加快建设空中通道和铁路通道，构建"一主两核三辅"国际航线网络和"米"字形国内航线网络[②]，进一步从空中打开对外开放的大门，逐渐增强宁夏与外界的经济联系。2016 年年初宁夏中亚国际货运班列顺利开行，2017 年银川—德黑兰国际货运班列开通，都表明宁夏在铁路通道方面逐步加紧与其他国家的联系。经济运输方式的改变将决定该区域经济发展的层次和水平，与国外经济联系的加强将会使整个宁夏地区的经济发展水平迅速提升。此外，宁夏依托本区域的产业优势，借助"一带一路"倡议，已成功将宁夏枸杞、葡萄酒、羊绒制品等优势特色产品打入国际市场，并吸引国际知名企业相继落户宁夏。因而，宁夏要依靠"一带一路"倡议，做好航空和铁路专线，合理定位城市优势，发展特色产业，为宁夏城市对外经济联系的持续健康发展奠定基础。

4. 建立健康持续的城市经济关系

城市经济发展中，城市间经济关系将会起到非常关键的作用，健康良好的城市间经济关系，会给城市经济发展带来保障和动力，推进城市经济持续发展，因而了解城市间经济关系、把握正确的城市间经济关系，制定与之相适应的发展战略显得极为重要。一般来讲，城市经济关系主要分为竞争型、互补型和竞争互补不确定型三种，所采取的对策依次为调整战略、深化合作和增强互补。具体而言，石嘴山与

---

① 许凌、拓兆兵：《宁夏崛起通道经济》，《经济日报》2017 年 9 月 7 日。
② 许凌、拓兆兵：《宁夏崛起通道经济》，《经济日报》2017 年 9 月 7 日。

第八章 西部地区城市经济联系方向及地缘经济关系：以宁夏为例

银川、吴忠与石嘴山、中卫与吴忠三对城市经济关系均为竞争型，在某些领域出现竞争，如抢夺人才、资源、市场和资金等。如果管控不当，将对彼此的经济发展产生消极影响。三对竞争关系的城市都是宁夏综合实力较强的城市，有必要及时调整发展战略，促进城市间合理竞争。银川与固原、固原与石嘴山、中卫与石嘴山之间以合作发展为主，不会抢占经济资源，发展战略以加强合作、增强互补为主。竞争或者互补的城市关系，将间接影响城市间的内在发展，及时调整竞争型的城市关系，转为协调发展，有利于形成城市间合理分配资源、促进分工明确、优势互鉴的良好态势。对于互补型的城市关系，则要继续加强合作，一方面巩固城市间现有的经济关系，另一方面则要深化合作。

第九章 空间优化促进西部地区经济协调发展

区域协调发展是构建和谐社会的战略任务和必然要求。促进西部地区经济协调发展，需制定具体的区域政策。现阶段及今后一段时间，需按照不同区域的功能定位，形成区域合理分工，发挥区域比较优势，控制区域差距到合理范围，需加强区际良性互动，促进区域经济一体化、市场化，形成资源有效利用及生态保护和区域协调发展的空间布局。本章结合前八章的研究结果，从市场和政府两个方面，探讨我国西部地区经济空间结构优化和协调发展的路径与措施；提出空间优化的思路和具体政策建议。

第一节 基于市场化机制的西部地区协调发展

区域经济的发展是存在差距的，那么这些差距是受什么影响？在市场条件下，市场机制就是其中重要的影响因素。

通过市场化促进经济协调发展，调节市场机制就是让市场成为实现资源合理优化配置的手段。市场上，供求、价格和竞争三者相互影响、相互作用。供求决定价格，价格变化引导要素与资源的自由转移，从而实现资源配置。价格变化引发竞争，竞争优化资源配置，引起供求变化，最终实现资源在区域间的合理配置，提升区域间的经济发展效率。以下将分析供求机制、价格机制和竞争机制对西部地区经济协调发展的促进作用。

一 对深化西部地区经济联系的作用

如果市场条件成熟，那么市场调节将加强区域之间的经济联系。

第一，区域经济联系需要满足互补性、可达性和干扰机会三个前提。如果市场条件成熟，两个或多个区域的要素自由流动，不存在贸易壁垒，则区域之间的要素可达性更高。第二，客观因素比如自然条件限制了西部地区协调发展，如果要素的流动能满足两个地区的相互需求，则两地区的经济发展与经济联系更密切。第三，从物质生产来看，为了更合理地配置资源，资金就会从发达区域流向落后区域，而劳动力资源会从落后区域流向发达区域，相互流动可以最大限度地提高资源利用率。第四，实现要素和商品的自由流动，则分工成本较低，可加深西部地区的经济联系。

二　对西部地区分工合理化的作用

在市场条件下，受到供求关系、价格和竞争要素的共同作用，两区域之间会形成分工。供求关系决定价格，价格反过来影响供求变化。价格能调节社会资源在区域间的配置，让企业改进生产技术、调节不同区域间的利益分配。因此，要完善市场机制，开放市场，发展全国统一市场，减少地方保护主义。市场经济下，应促进西部地区的要素和商品自由流动，充分发挥三个重要要素市场的作用，合理化地实现区域分工。

三　对缩小西部地区经济发展差距的作用

商品与要素自由流动可以缩小西部地区的差距。因为经济发展较好的区域获得更高收入的机会远大于经济发展较落后的区域，所以就会有更多的劳动力流向发达区域。发达区域人口越来越多，竞争越来越大，人均收入就会逐渐降低；西部地区人口密度降低，人均收入就会增加，由此人均收入达到均衡，实现区域平衡。

四　提升西部地区经济发展整体效率

从价格要素上看，有优势的生产要素在 A 区域比 B 区域价格更低，那么生产要素就会从 A 区域向 B 区域流动，从而提升收益率。当资金在发达区域比较充足，在落后地区比较稀缺时，发达地区的资金价格较低，落后地区较高，资金就会从发达区域流向落后区域，增加资金的收益率；随着资金持续地流入落后地区，落后区域资金价格就会逐渐降低，生产成本也会相应降低，这样两个地区都可以获得经济效益。

从要素角度上看，如果西部地区实现要素自由流动，那么社会资源就可以自由进行合理配置，要素价格也将随着要素供求关系的变化而变化。在供求关系和价格因素的影响下，西部地区能实现最大获益。市场机制下促进资源配置合理化，可以提升西部地区经济发展的整体效率。

总而言之，市场机制对西部地区经济协调发展发挥着重要的作用，让西部地区经济联系更加紧密，促进区域分工，缩小经济发展差距，提升经济发展的整体效率，是实现区域经济协调发展的必要条件。

综上所述，提高区域经济发展效率的前提之一，是消除市场的空间二元结构。如果存在二元结构，首先分工就不合理，没有办法取得分工收益；其次是资源配置效率差异过大，造成劳动资源和资金单向流动，将使发达区域经济发展更快，落后区域损失更大。再加上市场化程度步调不一致，形成市场分割，导致市场在空间上的资源配置低效甚至是无效的，从整体上看，抑制区域发展经济效率。

当前我国的市场化程度不高，发达区域和落后区域的经济发展差距很大。西部各地区市场机制的作用还不能完全发挥出来，实现社会主义市场经济还需政府的引导和支持。西部各级政府既要立足建立起有效的市场经济制度，促进商品和要素在各区域内自由流动，还要制定不同区域的平衡发展政策。需要注意的是，促进西部地区经济协调发展的过程中，市场机制想要发挥作用是需要特定条件的。政府必须要采取有力的政策措施缩小西部落后区域与发达区域的差距，在资金、社会资源或者其他领域给予政策性支持。

第二节　西部地区经济空间结构优化及协调发展

自1978年改革开放以来，我国经济总体保持着快速增长，与此同时，也伴随区域发展不平衡和区域之间经济差距加大的问题。自然环境、经济制度、发展基础等一系列经济与非经济元素，都会导致区域经济发展的不平衡。一段时期内，各区域经济活动需要将分散在各个地区的生产要素结合起来，实现要素在空间结构上的协调分配，从而实现区域经济的协调发展。实现区域经济从不平衡发展到平衡发展的转变，应使生产要素（如劳动力、资金、技术等）在整个区域实现空间和区域的调配，达到最恰当的配置，提高各生产要素的边际产出，优化各要素在区域空间的配置。

一 要素流动及其累积效应

如何借助生产要素以及产业的流动实现空间结构优化，促进西部地区经济平衡发展和协调发展？现阶段，我国经济发展速度降低，经济增长进入新常态，总体经济表现为：首先，人口红利优势的降低，甚至消失，劳动力成本逐渐升高。东南沿海企业面临投资成本增加，国际市场收缩的困境。大部分企业的利润空间降低，部分企业将资本从实业领域转移到投机领域，增加经济风险。其次，区域经济非平衡发展，促使要素从西部地区向东部沿海发达地区流动。我国东部、中部、西部经济发展差距不断扩大，在一定程度上限制了整个社会的有效需求能力。西部地区为东部地区提供资源，随着东部地区经济发展的减缓，西部经济发展的潜力受到影响。西部地区的生产率较落后，区域竞争力下降，从而导致区域经济差异的进一步扩大。西部区域经济不协调性主要表现为区域经济空间结构的不合理，通过形成合理的要素空间配置、产业空间结构、地区利益格局，可实现西部各地区经济的快速、平稳增长。

第一，合理的要素流动和产业转移可以促进区域经济的快速增长，实现区域空间优化。空间优化的增长方式之一是各种生产要素和产品以及产业的合理流动。即通过生产要素和产业的空间再配置，进而实现区域经济的协调发展。空间优化思想认为，在空间优化这一实现过程中，生产要素、产品以及它们在产业、地区间的流动可以提高该区域整个经济系统的福利水平。而新经济增长理论强调报酬递增，它利用主流经济学的分析框架直接证明了区域空间结构的优化有利于促进区域经济的协调发展。与之相反的是，有些学者认为，任何保护政策都会限制生产要素、产品和产业（企业）的跨区域自由流动，不仅会阻碍经济的良好发展，同时也会因为资源配置的效率降低、经济增长的减缓导致区域内经济社会矛盾的深化。第二，合理的要素以及产业转移有助于实现地区产业空间结构的再造，是产业空间结构优化途径之一。第三，政府引导下合理的要素流动，有助于地区利益格局的再分配，进而促进区域经济的协调发展。

（一）人才政策的实施与西部地区经济协调发展

劳动力流动是指劳动力为了追求更高的收益从而跨区域流动的现象。劳动力跨区域流动具有异质性特征，不仅包含普通劳动者在地区之间的流动，同时也包含着受教育程度较高的劳动力的区域流动。这两种类型的劳动力在流出成本和流动收益方面有较大的差异。

劳动力要素在流动区域之间存在显著的地域差异性，劳动力的迁移将导致流入地和流出地的产业规模以及人口规模发生变动，从而扩大不同地区的劳动力要素增长效应的差异和地区产业人口差距。流动的主要特点如下：经济发达地区，劳动力流动主要以流入为主；经济落后地区主要以劳动力流出为主。西部地区大量受教育程度较高的高素质劳动力流入东部地区，一方面，有利于东部地区的投资和消费能力的提高，形成巨大的收入效应。因为发达地区存在优越的制度环境、市场环境、创新环境，这些因素将极大地提高劳动力的生产率，促进东部地区的经济发展。但另一方面，高素质的劳动力流出落后地区，留下无技能的劳动力将不利于西部地区的经济发展，地区之间的经济差距扩大并导致新一轮的劳动力流动。

通过提高资源配置效率和优化经济结构这两个途径，劳动力要素的流动可以加快经济发达地区经济增长的收敛速度，降低欠发达地区的经济增长收敛速度。发达地区随着劳动力要素的持续流入，在充分市场化条件下，劳动力价格降低，劳动密集型企业的要素成本下降，在一定程度上，不利于劳动密集型企业由发达地区向落后地区的转移。要素流动的过程中，如果相关保障工作或者政策没有跟进或者落后，将抑制地区经济增长。因此，劳动力流动虽然能优化国家整体的资源配置结构，但是实际上给发达地区带来了正面效应，而对于落后地区可能是负面效应。

(二) 吸引直接资本与西部地区经济协调发展

与劳动力要素流动相比，资本转移有着相似性。资本转移指的是资本要素在实现收益最大化过程中发生的位移或者空间再配置过程。中央财政的转移支付、地方政府的借贷、资本市场的资本转移、劳务收入的转移都属于资本跨区域转移。对于经济发展水平较低的地区而言，通过大规模的招商引资，可以有效促进本地区的经济发展。虽然在某种意义上来说，资本等生产要素的区间流动能够缩小两地区之间的经济差距，但不是绝对意义上的平衡或均等。

资本要素的流出对于地区经济协调发展是否产生不良影响？资本要素在地区间的流动可以促进地区经济的发展，优化经济系统的内部结构，从而产生放大效应，有助于区域经济的增长，减小区域间的差距。但资本要素的自由流动并不能消除地区间的收益差异。对于资本要素的流入地，资本要素流动过程伴随生产技术和管理经验等的流入，这些要素的流入将有效地提高该地区的生产效率，提高产业的竞争力，促进地区的经济发展水平。如果大量资本流入导致资本的边际报酬降低，拉高劳动力生产要素的价格，进而导致其他生产要素价格的大幅提升，则不能有效提高流入地区经济发展水平。总之，资本要素的流入，在不降低原来的收益率的前提下，可以优化区域内的资源配置和利用效率，使区域内要素净收益增加，从而促进地区经济的发展。

(三) 鼓励技术创新与西部地区经济协调发展

技术扩散在某种程度上可以理解为一种相对意义上的技术进步。或者说，是技术应用层面上的能力提高。同时，技术扩散的过程也是不断学习和借鉴的过程，"干中学"通过对技术的学习和理解可提高生产效率。技术扩散不是生产技术的简单获取，而是生产技术的引进、模仿、吸收和创新的过程。

落后地区能否实现经济赶超取决于技术扩散的程度。区域经济增长可以依靠自身的技术水平或来自其他地区的技术流入，而来自其他地区的技术扩散的深度与广度，又会受到技术引进地区的经济发展水平、技术水平和地理距离远近等各种因素的影响。有些学者研究发现，短期内技术扩散的强度和空间距离呈负相关的关系，技术的扩散程度能够显著影响区域经济的增长或者收敛。假设经济变量间存在较强的联系性，可以互相影响，那么技术不断进步能有效地促进区域的经济发展。技术在空间上的扩散，通过区域经济的集聚效应，可显著地促进区域经济增长。然而，技术扩散与区域经济的相关性并非绝对的，并不是说技术扩散一定能促进区域经济的发展。还有部分学者在研究技术要素在区域间的扩散程度和人均实际GDP的关系时发现，两者之间并非呈现相关性，在我国经济发展的不同阶段，两者相关性的差异明显。

地区经济的长期均衡增长路径是由技术水平直接决定的。发达地区通过率先拥有先进的技术和较高层次的产业形态而实现经济长时期增长。之后，当区内市场饱和、产业生命周期等因素导致利润率下降时，企业（产业）向其他区域转移，技术要素向外围区域扩散，并导致扩散区域技术存量的增加和区域经济增长。所以，地区间的技术扩散能够促进地区经济长期协调发展。

二 产业布局优化升级与西部地区经济协调发展

产业转移可以划分为广义（宏观）转移和狭义（微观）转移，其中广义（宏观）转移指产业竞争优势变化下的产业区位再选择行为，狭义（微观）上的转移指企业区位再选择行为。

（一）承接产业转移促进西部地区经济协调发展

区域外部产业转入并与本地产业形成产业间的前后向联系，可以带动区域内相关产业的发展。发展较为落后的地区可以通过吸引高技术产业的转入，模仿、消化和吸收外来企业的技术，有效整合区域内的资源和市场。本地企业可以降低创新成本，进而吸引外部研发机构的进入，从而提升本地区的科研创新力，更好地提升本地区经济的发展。外部企业的进入会对转入地区的企业产生正的影响，从而提升地区经济的发展实力，并且优化区域的产业结构。产业的转入对产业承接地既有直接效应，也有间接效应，既有积极作用，也有不利的一面。产业转移有利的影响可以分为四个方面，即经济增长水平提高、经济结构改善、就业潜力提升、资源优化配置。产业转移不利的影响表现在，如果转移的企业为资源密集型企业，将会提高本地区的资源利用强度。

产业转移是一个转出地、转入地互动的过程。一方面，低技术产业的转出，可以为高技术产业的发展提供空间，从而提升整体区域的核心竞争力，更有利于当地经济的发展。产业的转出能在一定程度上促进地区产业结构优化升级，有利于当地经济的发展。另一方面，产业的转出有可能引起转出地的产业空心化。因此，产业的转出对转出地的经济发展有利有弊。短时期内对转出地的产业竞争力有负作用，但是从长远来看，如果转出地把握自身结构调整和产业升级的机会科学地转移产业能够提高其整体竞争力。由于竞争与结构升级引致产业转移，对于产业承接地来说，外部产业的植入优化转入地区产业结构，有助于经济的增长。外部产业的转入促进地区内企业竞争，产生竞争效应，可以增加承接地产业的竞争能力。产业转移能够通过关联带动、技术溢出、主导产业生产等方式实现转入地区的产业成长。产业转移还能有助于转入地区市场规模的扩张和企业重组，从而形成产业转移的结构优化效应而有助于地区经济的协调发展。

产业转移不仅符合市场经济规律，同时有利于优化区域产业分工格局；不仅有助于发达区域产业的转换和升级，还可以提升欠发达区域在区际分工中的地位；可以促进欠发达区域的经济发展，培育产业自生能力，扩大就业机会，提高区域竞争力等一系列效应。

（二）完善产业空间转移机制

产业与产品都具有生命周期。并且，产业发展的优势区域在产业生命周期的不同阶段是不同的。产业的区际转移是产业生命周期发展到一定阶段的必然产物。产业的生命周期大致划分为三个阶段——产业初创期、产业发展期和产业成熟期。

在产业初创期，高梯度增长极区借助其较强的创新能力和所拥有的经济技术优势不断开发出新的产业。与此同时，产品具有附加值高、替代产品少以及市场竞争因素较弱等特性，从而体现出较强的垄断性。高梯度增长极区借助其技术垄断，致使该区产业几乎处于垄断或寡占的状态,从而使产品生产者通过控制产品产量和高价等手段来获取高额利润。但是此阶段产业只会在催生区内生产,极少扩散到其他地区。在新产业的带动下,与该产品相关的各种经济资源在此地区聚集,从而形成了显著的极化效应。一方面,这种情况的出现使该地区的经济飞速发展,并和其他地区形成了区域差距;另一方面,由于垄断性的存在以及技术的不扩散,该区域几乎不存在扩散效应。但是,伴随着产业的进一步发展以及技术与信息的扩散,该产业原来所处市场的垄断格局逐渐被打破,大量的竞争者和与此相类似的替代产品开始出现,产品价格及其所获取的利润将不断降低,这表明产业已经进入了发展期。

在产业发展期,由于原技术的垄断被打破,技术开始不断扩散,这会使得越来越多的生产者掌握此项生产技术。该产品生产规模的迅速扩大,将导致此产品由最开始的高定价向低价格转变,从而吸引了更多的消费者。伴随着市场容量的快速扩大,投资建厂、组织生产的现象在其他低梯度增长极区出现。同时,在初创期的极化效应连续积累到某一程度后,产业催生区将面临人口拥挤、环境污染、公共产品供应紧张、要素成本提高等一系列问题,特别是有关土地和劳动力成本等方面的问题。当出现产品市场价格不断下降和经营成本不断上涨的情况后,相关企业会选择逐步放弃原催生区的生产而转移到低梯度增长极区。总的来说,在产业发展期,该产品的扩散效应越来越明显,其极化效应则变得越来越微弱。同时,我们应该认识到显著的扩散并不一定发生,它的发生需要具备一定的前提条件:第一,高梯度增长极区所汇集的相关要素迫于明显上涨的成本压力以及为获得更高收益具有强烈向外扩张的愿望;第二,高梯度增长极区的外围腹地具有地理位置、原材料、劳动力、潜在市场等方面的优势,并且这些优势恰好是生产所需要的,且对它们具有一定的投资吸引力。这样高梯度增长极区外溢的扩散现象才能形成。

最后是产业的成熟期。当产业处于这一阶段时,就意味着经过产业发展期的发展和扩散,以及产品本身和技术的完全成熟,产品的制造技术和工艺将更容易掌握和扩散。同时,由于企业之间是完全竞争的，基本不存在垄断高价的现象，价格处于相对较低水平，产品需求趋近于饱和，生产规模也趋向稳定。原聚集区的技术垄断优势也就完全消失。这时，相关企业生存和竞争的决定因素就由技术变为了成本和价格等因素。为了实现低成本的生产，外围低梯度区就成了产业在成熟阶段生产的主要阵地，原聚集区内的相关企业也为了降低经营成本而全部转移到外围低梯度增长极区。由此，在产业的成熟期，产业完成了从高梯度增长极区向外围低梯度增长极区的转移，相应的区域经济空间结构也发生了变化。从本质上来看，这实现了低梯度区产业结构的优化升级；同时作为移出区的高梯度增长极区，也能实现产业结构的优化升级。此外，外围低梯度区可以促进落后地区的经济增长，扩大经济总量；高梯度区也可以更专注于培育和发展技术含量更高的新产业，实现高梯度增长极区经济总量的继续增长。

　　需要着重说明的是，当存在不同技术水平和不同梯度水平的情况时，区域内同一产业的生命周期和进程将产生差异性，即在产业发展的过程中存在一个相对客观的"时差梯度体系"。具体来说，在不同梯度增长极等级体系中，高级增长极区和次高级增长极区客观上存在产业生命周期的一个"时间差"。举例来说，当高级增长极区正处于产业起步阶段时，次高级增长极区的产业还没有开始；当高级增长极区正处于产业发展阶段时，次高级增长极区的产业才刚开始起步，也就是新生产业才刚从高级增长极区扩散到此区。同理，"时间差"也存在于高级增长极区和次级增长极区之间。于是，在整个区域空间内，一个有关产业生命周期的"时差梯度体系"就形成了。实际上，不同增长极区在技术水平上的差距决定了"时差梯度体系"，也正是它的客观存在促使着产业结构发生变化。

　　改革开放后，伴随着劳动密集型及资本密集型产业向国内的转移，东部地区的经济得到了迅速发展，其空间增长极地位也得到了凸显。2002年后，在我国区域统筹协调发展战略的引导下，劳动密集型及资本密集型产业开始向西部地区转移，使西部地区的经济增长率在总体上显著地高于东部地区。西部地区和东部地区从经济方面相比，虽然其差距仍在不断扩大，但差距扩大的速度开始明显放缓。

影响区域经济空间结构演变的因素非常多，各个因素之间的作用也不尽相同。由于我国西部地区的自然环境、地理区位等与东部相比都存在巨大的差异，区域之间的发展也各不相同。自1949年新中国成立以来，基于东部、中部、西部地区各自的发展现状以及国家所制定的发展战略的不同，西部地区与东部地区的差距不断扩大。这说明，除了自然地理条件影响区域经济空间结构的演变，国家政策同样对其有着重大的影响。

三 基础设施改善及网络化

（一）西部地区的基础设施改善

近些年，西部地区通过发展基础设施，有效地解决了由于交通不便所导致的物资输送等方面的问题，使得与较发达地区之间的差距进一步缩小。在此过程中，具有西部特色的经济逐步形成，同时也很好地带动了其他地区经济的较好发展。西部大开发战略提出后，西部地区在其交通设施不断完善的基础上，出口额在1997年不足100亿美元的条件下，短短12年间就提高到520亿美元之多，这在一定程度上说明了西部地区的发展与其基础设施的完善是分不开的。此外，西部地区基础设施的不断完善，为相关产业的发展、转移以及产业升级提供了良好的外部条件，使当地的产业经济由低附加值向高附加值转变，提高了当地的经济产出水平，促进了地区经济的良好发展。

东部和西部地区基础设施的完善程度不同，对经济发展的影响程度也就不同。就东部地区经济发展的实际水平来看，基础设施越完善，经济发展形势就越好。而西部地区由于起步较晚，基础设施整体处于落后水平，基础设施建设对经济发展影响程度较东部地区更大。总的来看，基础设施中交通设施对西部地区的经济影响最大，并且西部地区的特色经济链如农业、特色农产品、能源的开发等对交通设施都有着很强的依赖性。近几年来，西部地区基础设施的完善有效地降低了当地企业的运输成本，对当地经济的发展做出了巨大的贡献。

在西部大开发战略提出前，西部地区落后的基础设施严重阻碍了其与外界的交流，使西部地区的经济发展水平落后于其他地区。西部地区公路覆盖率很低，其中高级公路几乎没有。随着西部地区的不断发展，交通设施也得到了完善，为西部地区资源的有效利用提供了良好保障。

1. 区位效应

基础设施的完善与否是衡量企业外部环境好坏的重要尺度。与核心经济区距离的远近以及交通运输水平的高低，决定着企业生产运输成本的高低，也对地区经济的增长有着重要影响。西部地区现阶段的交通运输水平可以满足各种资源的流动，从而实现资源的优化配置。总体来说，区域是否具备较完善的基础设施，对于能否缩短运输距离、降低运输成本和其他相关费用（如生产成本的高低、货物的品质、相关服务以及货物的出口额）至关重要，也对促进地区经济的发展有着重要影响。

基础设施不完备以及较高的运输成本阻碍了西部地区特色经济链条的市场化发展，是导致西部地区经济落后的主要原因。货物进出港口的费用是投资者决定是否投资的一个关键原因。西部地区大都远离海港，这不仅增加了西部资源外运的成本，同时也不利于西部特色的低附加值产品的运输，降低了西部产品的竞争力。对外运输通道的缺乏造成了很多资源的滞留，使得西部的资源优势不明显。如云贵地区拥有煤炭、铝土矿以及磷矿，由于运输通道的缺乏，当地企业只能局限于在本地发展。此外，相当一部分投资商在面对高昂的运输成本时不得不放弃投资，这也对整个西部地区的招商引资造成了影响。西部地区劳动力资源丰富，劳动力成本相对于东部地区较为低廉，但高昂的运输成本使这个优势不再明显。近年来，随着交通设施的不断完善，运输成本不再是阻碍西部地区经济发展的主要原因。与此同时，交通设施的完善对区位环境的改善也起到了促进作用，当地企业的生产率和工人的收入水平也得到了提高，从而能够吸引更多的劳动力。基础设施的完善也有利于医疗、教育等其他资源的优化配置。在这种投资环境中，企业可以通过降低产品成本、提高产品价格来获得更高的收益，工人在就业方面也有了更多的选择。总体而言，随着近年来西部地区基础设施的发展与完善，地区资源的运输成本不断下降，总的交易成本也随之降低，提高了西部地区生产企业的竞争优势。

2. 溢出效应

基础设施对区域经济增长有明显的溢出效应。西部地区通过降低交通成本，提高了生产效率，促进了区域经济的规模化发展。基础设施通过以下几种途径提高区域经济的外部收益：①基础设施的完善使得西部地区与外界交往更为密切，有利于扩大市场规模；②基础设施的完善可吸引更多的劳动力，企业可以吸引来各种高新技术人员，使企业的生产效率得到提高；③基础设施的完善对人口的流动也起到了促进作用，使人口与资源能够更加合理地配置。此外，基础设施的完善可以促进其他地区的经济发展成果扩散到西部地区，提高西部地区的经济发展水平。

西部大开发战略实施以来，西部地区基础设施不断完善，一方面，使区域内部的交流更加便利，带动了西部地区经济整体水平的提高；另一方面使资源得到了合理配置，加速了地区经济的现代化进程。西部地区自然资源丰富，但开发效率过低。随着基础设施的不断完善和公路覆盖率的提高，西部地区的矿产、土地及旅游资源的开发利用率也将进一步提高。此外，西部地区交通设施的完善，将进一步扩大整体产业的分布空间，使得区域生产格局的分配更加合理，加快区域经济带的形成。基础设施的发展为产业的集聚提供了可能性，并使得经济链条之间的相互作用不断增强。近几年来，西部地区已经形成了广西北部湾、关中—天水等好几条特色经济带，这很大程度上都得益于基础设施的发展。

(二) 西部基础设施建设的意义

1. 基础设施建设有利于促进西部地区资源优势转变为经济优势

结合各地区的地理特征和市场经济发展的内部规律来看，在现阶段我国形成的七个跨省区的特色经济区域内，西部地区的位置至关重要。西部地区处于亚欧大陆的中心，并与中亚、西亚地区相连，农业、畜牧业以及矿产资源都十分丰富，因此加快该地区基础设施的建设，不仅有利于当地资源的开发，更能促进特色经济带的形成。西部地区的南部若能发挥水资源、矿产资源以及森林资源的优势，并依托于当地的地理区位优势，则可以形成各具特色的能源和旅游开发区。

但是，原材料工业的发展又必须依托于便利的交通运输，因此要想把地区资源优势转换为经济优势，就必须进一步加大对基础设施建设的投入。

2. 基础设施建设成为发展西部外向型经济和边贸的迫切需要

就地理位置而言，西部地区处于亚欧大陆的中心，并与14个国家接壤，但西部地区对外经济所占的比例较少，出口总额仅占其国内生产总值的6%。因此，利用西部地区的区位优势来实现我国对外开放的全面发展有着重要意义。但就现阶段而言，西部地区开放的20个口岸，其通达性还相对较低，并没有很好地发挥中间桥梁作用。因此，加强交通运输和通信建设具有一定的现实紧迫性。

3. 基础设施建设可保证西部重点地区开放和产业轴线发展

现阶段我国制定的综合经济开发区中有7个，超过1/3的区域处在西部地区的9个省份。这些重点经济开发区不仅是我国现阶段开发的重点，也对日后西部地区经济的增长起着促进作用。加快建设这类地区运输要道的步伐，对进一步完善西部地区主干道运输设施和保障西部地区的经济发展具有重要意义。

西部地区基础设施的建设对充分发挥西部资源的优势，实现我国东西部资源的合理配置，最终实现东西部的共同发展至关重要。我国西部12省份地域辽阔，占我国国土总面积的一半以上，总人口却只占全国的1/4。未得到开发利用的资源不胜其数，其中仅未开发的土地面积就高达8亿亩，总体开发潜力巨大。在矿产资源方面，我国现阶段发现的矿产在西部均有储藏。其中，钛（Ti）、铜（Cu）、汞（Hg）、铅（Pb）、锌（Zn）等超过30种矿产的储藏量都位列全国第一，煤炭与石油储量分别高达38.6%和41%，铁的储量占全国总储量的将近一半，钾的总储量更是占到了96.7%，地区人均资源占有量远远高于国内人均水平。此外，西部地区的旅游资源也十分丰富，但由于受到外部环境的限制，旅游资源开发十分缓慢，资源优势没能成为经济增长的主要动力，这不仅影响了当地经济的发展，对全国总体的经济发展水平也有影响。因此，西部地区的区位优势与资源优势要得到充分发挥，实现东西部经济发展的合理分工，加速完善西部地区的基础设施至关重要。加速建设西部地区公路、铁路及其他通信设施，改善地区的投资环境，不仅有利于当地资源的开发，更有利于增强地区经济实力，从而促进国内整体经济的发展。

（三）促进西部地区经济网络化

区域经济网络化可理解为在单位区域内各个经济主体之间的联系，这种联系以网络状态形式呈现。总体可以分为两个层次：第一个层次是普通意义上的有形网络，主要是指各种交通基础设施与电信通信基础设施；第二个层次是各个区域之间、城市之间进行经济互动所形成的无形的关系网络。第一个层次的网络反映的是区域之间的空间联系，它是物质交换与信息交换的有形载体；第二个层次的网络反映的是各种交互经济关系。在区域经济网络结构中，经济活动的主体涵盖范围较广，它既可以是个人、企业，也可以是各类组织，更可以是城市。联系形态也就是网络结构中的线条，反映了各个节点之间的相互关系，也是一种无形的网络。一个区域内的经济网络中，其联系网络、组织网络和空间网络对于该区域的经济增长起着积极的引导作用。具体来看，网络中各节点的联系有利于明确各个节点之间的分工，加强彼此间的互动与联系，进而降低彼此间的交易成本，拓展市场空间，从而使经济规模扩大并使得彼此间的利益实现共同增长；同时，该网络结构也能推动区域内知识、技术、关系和结构的流通，加强各个网络结构主体之间的联系，进而创造出更完善的区域体系。以基础设施网络为主体的空间联系可以有效提高主体之间的物质与信息的通达性，提高信息与资源的有效配置，促进区域经济的集散与扩散。整体网络结构所衍生的综合效应，有利于提高整个经济系统运作的完备性和稳定性，在一定程度上提高区域经济发展的经济优势。

区域中各种有形网络（通信与交通网络）与无形的网络（主体之间的相互作用）的形成进一步强化了网络主体间的联系。网络作为区域中各个主体之间的表现形式，已经成为除传统的劳动、资本等之外影响经济发展不可替代的因素。城市之间的联系形式通常表现为互补与协作两种类型，城市之间的要素流通也是交互式的。城市网络主要是通过企业之间的联系反映彼此间的经济关系。

区域经济中的各种联系都可以通过网络结构的形式呈现。同时，不同区域经济体之间的关系也在不断加强，网络化特征显著，网络结构中的各个经济主体之间的联系也日益紧密。不同的网络主体之间所形成的经济关系网络多种多样。

西部地区各类基础设施的建设是实现我国经济进一步跨越发展的基础，对推进全国经济改革，解决地域经济不协调，实现国民经济再次快速发展有着重大意义。各种类型的区域经济网络不断出现，网络结构及表现形式也越来越复杂。一方面，从实体经济网络来看，交通、通信与能源经济不断发展，网络化结构和网络化特征越来越明显。就基础交通设施来看，自我国改革开放以来，我国的铁路、公路以及航空路线的里程不断增加。铁路自1978年至2012年增加了4.59万千米，增长率接近90%；公路增加了334.73万千米，增长了近4倍，其中高速里程增幅最大；航空路线也得到了快速的增长，2012年运行里程高达328.01万千米。随着高速公路网络连接能力的增强，铁路网络将以高铁干线为主，可实现不同城市之间的快速连接。现阶段，在整个交通网络上，我国初步建成的铁路、公路等有效的客运路线已经高达100多条，建成了200个综合性强、基础设施完善的货运枢纽与物流基地，通过这些区域网络节点，我国整体的综合交通运输网络的使用效率和完备性将会不断提升。

区域经济体之间形成的各种各样的交互模式在一定程度上促进了经济空间的发展，区域经济体之间通过实体的网络结构与非实体的网络结构不断发展，实现了市场空间的不断扩大。在经济与信息全球化的大环境下，各个城市之间、不同经济区域之间的劳动力流动、商品流通、信息流与现金流都发生了天翻地覆的变化。各种物质、信息的快速流动，使区域经济的网络化特征越发明显。金融贸易、投资等经济活动的不断网络化，成为全球化经济发展面临的新挑战。

（四）区域经济网络与配置效率

区域经济网络能够加快各生产要素的转换与流动，提高各生产要素的配置效率。一方面，区域的经济网络增强了不同城市之间的连接，强化了不同城市间的联系，加速了不同区域各种资源的通达性，使整体市场资源配置、信息的传播与交流速度加快，并在一定程度上提高了不同节点之间的溢出效应。另一方面，经济联系所构成的经济网络结构是介于市场与生产企业之间的一种全新的资源配置方式，同时又兼具两者的特性。网络平台使其变得更加灵活，大大降低了整体信息交流过程中的费用，使各项生产资料在不同网络之间的流动更加高效。这种流动不是简单的从高到低的流动，而是一种双向流动。位于整个网络中心的高水平节点在网络结构中会更快地被周围的其他节点所认知，进而吸引其他节点引进更多的优质资源，最终促进自身节点经济的发展。与此同时，处于经济网络、企业网络以及空间网络中的其他非核心节点也会以更高的效率吸收对应资源的流入，并获得从网络核心节点所流出的外溢效应，最终在整体上呈现网络增长形势。

综上所述，区域经济网络主要是以实体的空间基础设施网络为基础，包含运输与通信等，进而将对局部的地方市场进行扩张统一，随后发展到更广阔的市场范围。既可能扩展到国内的其他地方，也可能扩展到国际市场。与此同时，区域经济的网络化实现了进一步的分工，并且扩大了分工的范围，提高了经济活动的效率。实现经济活动的全球化布局，并充分利用全球的生产资源，能够进一步实现总体市场规模以及生产规模的扩大。

（五）经济网络与西部地区经济增长

区域经济网络是各个经济主体在日常的经济活动过程中，通过各项经济活动、彼此间的联系以及空间联系所建立起来的各种关系表现出的整体结构。在这个新兴的结构主体中，各个经济活动的对象是网络结构中的每一个节点，经济活动主体之间的联系就构成了主体之间的纽带，并以生产过程中的各个生产要素作为传播的媒介，借助各生产主体之间的联系推动要素之间的发展、扩散与传播，进而提高整个经济活动运行的效率。桑学乘、覃成林（2014）认为，现阶段的经济区域网络总体被分为空间联合网络、经济组织网络和经济联合网络三种。第一种是我们传统意义上的有形的基础设施所构建的联系网络，主要是交通网络与信息网络；其余两种指的是比较抽象的网络，主要指不同区域之间、城市之间、各经济主体之间的经济活动所构成的各种组织结构与经济联系。在整个区域经济的网络中，涉及的各个经济主体，包括企业、个人等都是网络的节点，更大的领域如一些研究机构、大学或者某些组织也可以成为整个网络结构中的空间节点。各主体之间的相互联系，就构成了联系节点上的脉络。各个主体之间的联系形态以脉络的形式表现在网络结构中，反映了隐藏在网络经济中的各种关系，这是有形区域经济网络所衍生的一种无形资本。

区域经济网络的增长效应反映的是各经济主体形成的网络结构对于整体区域经济的一种积极的影响作用。总体而言，区域经济网络对区域经济增长起到的正面影响可简单概括为网络增长效应。它强调一个经济区域内各经济联系网络、组织网络以及空间联系网络对区域经济所造成的积极影响。具体来看，表现为各个经济主体之间和各个组织之间的经济联系。总体网络结构对于网络结构中各个节点的分工与协作，降低整体的交易成本，扩大市场的经营区域，实现经济的规模化发展与协同利益的提升有很大的影响。与此同时，这些因素还能有效促进不同区域间知识、技术的流动，以及不同区域经济主体的发展，从而形成和完善不同地区的网络结构。上述第一种网络形态强调的是各类基础设施的建立可以有效提高主体之间的信息流通，增加各经济主体联系的多样性，加快各生产要素的流通和提高资源配置效率，进而促进各类经济活动的集散与扩散。总体来看，上述三种网络所产生的综合效应有利于提高区域经济运作的流畅性与稳定性，进而产生独特的经济发展特点，形成独特的竞争优势。

区域经济增长效应，主要是由于网络结构增进了整个网络区域中各个经济主体之间的联系程度，使彼此之间的依赖和作用程度加强，通过配置效率、市场效率、规模经济、协同效应以及学习与创新促进经济增长。在配置效率作用机制方面，区域经济网络使各个节点之间的通畅度显著提高，加速了各生产要素在各个网络节点之间的流动，进而使各生产要素得到合理配置。与此同时，网络结构使生产资源在不同节点之间可以双向流动，打破了传统的单向流动模式，强化了各经济主体间的联系。在市场效率机制方面，区域经济网络可以显著降低常规经济活动过程中所产生的各类空间成本，进而有效地扩大市场规模，充分发挥市场在经济系统的作用，提高市场运行效率。在规模经济机制方面，网络节点的增加可以有效降低投入成本并增加产出水平，提高分工效率，形成灵活、多样化的生产体系，最终使整体生产成本降低，产生规模经济。在协同效应机制方面，网络结构增加不同经济主体间彼此合作的机会，降低经济主体间的恶性竞争风险和交易成本，增加彼此之间的交易利益。各个经济主体之间通过合作、互助和正当竞争实现合作，使资源在整个网络中可实现更高程度的共享。在学习与创新机制上，整个区域经济网络可以使知识在不同主体间或通过平台传播，能增进知识的跨区域流动和不同经济主体的网络学习效果，以及提高不同节点的竞争优势。

研究结果表明，区域经济网络的确对区域经济的增长起着决定性的作用，相应的增长指数与相关的节点在具体网络中的位置及实际状态有关。相关研究以城市网络、信息网络以及公路交通网络三个指标作为衡量区域经济网络的指标，综合三种网络因素考察其对经济增长的综合影响，结果表明：网络的整体增长弹性在 0.37% 左右；就网络作用的程度而言，首先是公路交通网络对于经济的影响最大，其次是城市网络，最后是信息网络。网络增长效应来源于空间溢出和网络协同。相邻区域的经济发展水平每提高 1 个百分点，目标经济区域的经济增长呈现出 0.04% 的空间溢出效应。就整体网络结构中各节点来看，各个城市网络之间表现出了比较显著的基于竞争基础的协作关系，而对应的公路与信息两个网络则更多表现出合作、互补作用。网络之间的相互协同作用既通过网络发展水平直接对经济增长产生促进作用，也使不同经济区域之间通过互补与竞争实现不同区域间有序竞争、稳定的发展。

在现代区域发展的过程中，不仅要注重各传统生产要素对生产的影响，还不能忽视新兴的网络结构对于经济发展的影响。因此，西部地区要顺应当前网络经济趋势，将培育区域网络实现经济的发展纳入中央与地方的经济发展决策中。现阶段，中央及各级政府非常重视基础实体网络结构的建立，这对促进我国西部地区经济发展以及后期经济的网络化增长都起着重大的作用。

四 制度变迁及其扩散效应

制度在政治、社会、经济等各个方面对人们的生产活动起着重要影响。社会制度的变革也影响着人类社会发展的步伐,对区域空间结构也产生着影响。

第一,国家基本经济制度对区域经济发展的影响机制。国家基本经济制度是涉及有关物品产权分配、界定、保护与实施等相关方面的规定。基本经济制度的改变对于整体经济区域的影响是巨大的。交换双方、交换方式与交换范围也从多个层面上影响着物品交换的效率、规模与种类,最终影响着经济活动的效率、规模以及物品种类的变化。

第二,国家及地区的经济区域规划对区域经济空间结构演变的影响机制。区域发展规划和相关的区域经济政策是中央政府或者地方政府影响该地区经济发展的具体体现,对区域经济的发展起着导向或者引导作用,且具有强制性。它将引导相关的生产企业或者行业向着特定的区域空间发展。同类的生产企业在政府区域经济政策的驱使下,会在同一区域内聚集,从而促进地区经济的规模化,以及行业在空间上的定向移动或聚集,影响整体经济区域的空间经济结构。

参考文献

一 中文文献

［美］保罗·诺克斯、琳达·麦克卡西：《城市化》，科学出版社2009年版。

柏延臣、李新等：《空间数据分析和空间模型》，《地理研究》1999年第2期。

才春红、王健：《河北省城镇化发展水平评价及对策研究》，《安徽农业科学》2009年第10期。

蔡昉、王德文、都阳：《中国地区经济增长的趋同与差异——对西部大开发战略的启示》，《经济研究》2000年第10期。

蔡志刚：《区域经济发展理论与中国区域经济发展差异》，《青海社会科学》2001年第5期。

陈波翀、郝寿义：《自然资源对中国城市化水平的影响研究》，《自然资源学报》2005年第5期。

陈伟莲、陈凤桂：《区域发展极优选模型研究——以福建省为例》，《海洋开发与管理》2014年第8期。

陈修颖：《区域空间结构重组：理论与实证研究》，东南大学出版社2005年版。

陈秀山：《区域经济协调发展要健全区域互动机制》，《党政干部学刊》2006年第1期。

陈叶玲：《安徽省城镇化与产业结构协调发展研究——基于系统耦合视角分析》，硕士学位论文，安徽工业大学，2013年。

程贵、姚佳：《基于城市流强度模型的甘肃省城市发展研究》，《西北人口》2015年第2期。

程钰：《区域经济空间结构特征及影响因素研究：以山东省为例》，《区域经济评论》2013年第2期。

褚东涛：《区域经济学通论》，人民出版社2003年版。

崔功豪、魏清泉：《区域分析与区域规划》，高等教育出版社1999年版。

代潾潇：《重庆市区域空间结构演变及优化研究》，硕士学位论文，华东理工大学，2013年。

［美］德怀特·H.波金斯：《发展经济学》，中国人民大学出版社2005年版。

邓宏兵：《区域经济学》，科学出版社2008年版。

董锁成、黄永斌、李泽红等：《丝绸之路经济带经济发展格局与区域经济一体化模式》，《资源科学》2014年第12期。

都沁军、武强：《基于指标体系的区域城市化水平研究》，《城市发展研究》2006年第5期。

樊新生：《20世纪80年代以来河南省经济空间结构演变研究》，博士学位论文，河南大学，2005年。

方创琳：《中国西部地区城市群形成发育现状与建设重点》，《干旱区地理》2010年第5期。

方叶林、黄震方、陈文娣：《2001—2010年安徽省县域经济空间演化》，《地理科学进展》2013年第5期。

冯章献：《东北地区中心地结构与扩散域研究》，博士学位论文，东北师范大学，2010年。

付红丹：《城镇化进程与产业结构协调发展研究——以河北省保定市为例》，硕士学位论文，河北经贸大学，2012年。

高伯文：《中国共产党区域经济思想研究》，中共党史出版社2004年版。

高汝熹：《城市圈域经济论》，科学出版社2001年版。

高新才、杨芳：《丝绸之路经济带城市经济联系的时空变化分析——基于城市流强度的视角》，《兰州大学学报》2015年第1期。

顾朝林：《济南经济影响区的划分》，《地理科学》1992年第

1 期。

国家发展和改革委员会:《中华人民共和国国民经济和社会发展第十一个五年规划纲要》,2006 年。

[美] 海韦尔·G. 琼斯:《现代经济增长理论导引》,商务印书馆 1999 年版。

韩丽:《基于城市消费水平的城市等级划分研究——以东中西部 10 个二三线城市为例》,《市场周刊》2014 年第 9 期。

韩莎莎:《河北省城镇化水平综合评价及预测研究》,硕士学位论文,河北大学,2013 年。

韩增林、郭建科、杨大海:《辽宁沿海经济带与东北腹地城市流空间联系及互动策略》,《经济地理》2011 年第 5 期。

候景新、尹卫红:《区域经济分析方法》,商务印书馆 2004 年版。

胡序威:《沿海城镇密集地区空间集聚与扩散研究》,《城市规划》1998 年第 6 期。

黄森:《空间视角下交通基础设施对区域经济的影响研究》,博士学位论文,重庆大学,2014 年。

季春霞:《江苏省区域经济协调发展的空间结构优化》,硕士学位论文,苏州大学,2006 年。

季小妹、陈忠暖:《我国中部地区城市职能结构和类型的变动研究》,《华南师范大学学报》(自然科学版)2006 年第 4 期。

江曼琦:《城市空间结构优化的经济分析》,人民出版社 2001 年版。

姜博、修春亮、陈才:《辽中南城市群城市流分析与模型阐释》,《经济地理》2008 年第 5 期。

蒋辉:《区域经济差异动态分析与协调发展研究》,《经济与管理》2006 年第 10 期。

柯文前、陆玉麒、俞肇元:《多变量驱动的江苏县域经济空间格局演化》,《地理学报》2013 年第 6 期。

来逢波:《综合运输体系对区域经济空间格局的塑造与优化研究》,博士学位论文,山东师范大学,2013 年。

赖声伟：《旅游产业与区域经济的耦合协调度研究》，硕士学位论文，曲阜师范大学，2011年。

李昌强：《基于城市流的济南都市圈经济空间联系研究》，硕士学位论文，河北师范大学，2010年。

李国平、王志宝：《中国区域空间结构演化态势研究》，《北京大学学报》（哲学社会科学版）2013年第3期。

李景欣：《中国高新技术产业园区产业聚集发展研究》，博士学位论文，武汉大学，2011年。

李凯：《产业结构视角下河南省新型城镇化路径研究》，硕士学位论文，河南大学，2014年。

李快满：《兰州经济区经济空间结构优化研究》，硕士学位论文，西北师范大学，2008年。

李明秋、郎学彬：《城市化质量的内涵及其评价指标体系的构建》，《中国软科学》2010年第12期。

李琪、安树伟：《中国地级及以上城市不同城市化质量类型划分及比较研究》，《经济问题探索》2012年第12期。

李忠民：《陕西省区域经济发展水平的实证研究》，《西安电子科技大学学报》（社会科学版）2006年第11期。

梁普明、严勤芳：《中国城镇化水平的合理测度及实证分析》，《经济研究参考》2003年第3期。

廖婴露：《成都市经济空间结构优化研究》，博士学位论文，西南财经大学，2009年。

林柯、杨阔：《中国区域经济空间结构的演化机理——基于省际视角》，《区域经济评论》2014年第3期。

林毅夫：《中国经济转型期的地区差距分析》，《经济研究》1998年第6期。

刘东东：《转型期广东区域经济空间结构演变及优化对策》，《经济问题探索》2011年第7期。

刘建朝、高素英：《基于城市联系强度与城市流的京津冀城市群空间联系研究》，《地域研究与开发》2013年第4期。

刘美华、罗守贵：《基于潜力模型的上海都市圈城市等级划分》，《安徽农业科学》2008年第9期。

刘双：《基于GIS地统计分析的森林生产力空间格局分析》，硕士学位论文，南京林业大学，2013年。

刘天宝：《大连市城市空间结构形成与演进机制》，《人文地理学》2010年第6期。

刘小飞等：《城市群层级空间层次的定量分析——一种方法的引入及在长江三角洲城市群中的应用》，《华东经济管理》2005年第6期。

刘晓婷、陈闻君：《2004—2013年新疆县域经济空间差异演化》，《中国沙漠》2015年第4期。

刘英基：《基于系统耦合视角的中国工业化与城镇化协调发展研究》，《江淮论坛》2013年第1期。

卢嘉瑞：《空间生产力发展的客观规律》，《生产力研究》1995年第2期。

卢嘉瑞：《论空间生产力系统》，《学术论坛》1994年第5期。

卢嘉瑞：《试论空间生产力》，《生产力研究》1992年第8期。

卢万合、刘继生：《中国十大城市群城市流强度的比较分析》，《统计与信息论坛》2010年第2期。

鲁继通：《北部湾城市群空间结构优化研究》，《中共南宁市委党校学报》2012年第2期。

鲁金萍、杨振武、孙久文：《京津冀城市群经济联系测度研究》，《城市发展研究》2015年第1期。

陆大道：《区域发展及其空间结构》，科学出版社1995年版。

陆大道：《中国区域发展的理论与实践》，科学出版社2003年版。

陆玉麒：《双核型空间结构模式的探讨》，《地域研究与开发》1998年第4期。

吕一清：《基于主成分聚类分析四川城镇化水平的评价》，《经济研究导刊》2010年第10期。

栾贵勤、黄敬跃：《基于长三角城市群等级划分的实证分析》，

《经济问题探索》2011年第11期。

罗庆、李小建、杨慧敏：《中国县域经济空间分布格局及其演化研究：1990年~2010年》，《经济经纬》2014年第1期。

马强强：《西北民族地区区域经济差异实证分析及其对策研究》，硕士学位论文，西北民族大学，2006年。

马雯雯：《阿克苏地区产业结构演进与城镇化发展关系研究》，硕士学位论文，新疆师范大学，2009年。

聂华林：《区域空间结构概论》，中国社会科学出版社2008年版。

聂华林、王成勇：《区域经济学通论》，中国社会科学出版社2006年版。

彭荣胜：《区域经济协调发展的内涵、机制与评价研究》，博士学位论文，河南大学，2007年。

彭月兰、陈永奇：《区域经济协调发展的财政思路》，《财政研究》2004年第12期。

钱纳里：《发展的形式：1950—1970》，经济科学出版社1988年版。

乔志霞等：《欠发达省份区域经济空间结构演变与优化——以甘肃省为例》，《经济地理》2014年第9期。

秦娅宏：《基于城市流强度的山东半岛城市群城市经济联系分析》，《安徽农业科学》2015年第30期。

曲丹、苗得雨：《聚类分析方法在城市等级结构划分中的应用》，《哈尔滨商业大学学报》（自然科学版）2004年第2期。

桑曼乘：《区域经济网络的增长效应研究》，博士学位论文，暨南大学，2015年。

石晓燕、汤亮、刘小军等：《基于模型和GIS的小麦空间生产力预测研究》，《中国农业科学》2009年第11期。

史福厚、娜仁、耿午：《内蒙古中西部地区经济、金融和谐发展研究——基于区域经济增长极理论的"回波效应"与"扩散效应"视角》，《区情问题》2007年第3期。

舒书静：《辽宁省城市化与产业结构协调发展研究》，硕士学位论文，东北财经大学，2012 年。

苏东水：《产业经济学》（第 3 版），高等教育出版社 2010 年版。

孙娟：《都市圈空间界定方法研究》，《城市规划汇刊》2003 年第 4 期。

孙铁山、刘霄泉、李国平：《中国经济空间格局演化与区域产业变迁——基于 1952—2010 年省区经济份额变动的实证分析》，《地理科学》2015 年第 1 期。

覃成林：《区域经济协调发展：概念辨析、判断标准与评价方法》，《经济体制改革》2011 年第 4 期。

汤斌：《产业结构演进的理论与实证分析》，博士学位论文，西南财经大学，2005 年。

涂人猛：《区域空间结构理论的形成与发展》，《企业导报》2014 年第 22 期。

涂永强：《基于因子分析和聚类分析的山东省城镇化水平的测度》，《社会发展》2011 年第 7 期。

［美］沃纳·赫希：《城市经济学》，中国社会科学出版社 1990 年版。

王非、赵荣：《近代西北城市体系的空间发展及其影响机制分析》，《人文地理》1999 年第 4 期。

王富喜、孙海燕：《山东省城镇化发展水平测度及其空间差异》，《经济地理》2009 年第 6 期。

王军生：《城市化与产业结构协调发展水平研究——以陕西省为例的实证研究》，《经济管理》2005 年第 11 期。

王蕾：《甘肃城镇化水平测度及战略选择》，硕士学位论文，兰州大学，2010 年。

王美霞、李民、周国华：《武陵山片区县域经济空间格局演化与优化对策》，《经济地理》2015 年第 11 期。

王平：《黑土坡耕地土壤有机质与生产力的空间关系》，《水土保持通报》2015 年第 4 期。

王启仿：《区域经济差异及其影响因素研究》，博士学位论文，南京农业大学，2003 年。

王千、赵俊俊：《城镇化理论的演进及新型城镇化内涵》，《洛阳师范学院学报》2013 年第 6 期。

王世豪、金丹华：《区域经济空间结构的内涵解析——以广东省为例》，《学习与实践》2007 年第 7 期。

王世豪：《转型期我国区域经济空间结构的问题和影响因素》，《经营与管理》2007 年第 11 期。

王伟：《福建省经济空间结构演变及其优化对策研究》，硕士学位论文，福建师范大学，2009 年。

王艳军、王利、王红燕：《辽宁省城镇化发展水平测度及其差异研究》，《安徽农业科学》2013 年第 12 期。

威廉·配第：《政治算数》，商务印书馆 1978 年版。

魏后凯：《关于加快西部开发的若干政策问题》，《中国工业经济》2007 年第 7 期。

魏后凯：《论我国区域收入差异的变动格局》，《经济研究》1992 年第 4 期。

魏后凯：《区域经济发展的新格局》，中国财政经济出版社 1995 年版。

吴易：《幸福导向下的成都城镇化发展研究》，硕士学位论文，西南交通大学，2014 年。

武剑、杨爱婷：《基于 EDSA 和 CSDA 的京津翼区域经济空间结构实证分析》，《中国软科学》2010 年第 3 期。

肖万春：《我国农村城镇化发展探析》，《改革与开放》2005 年第 8 期。

肖旭雨：《基于 ESDA 的浙江省县域经济空间差异研究》，硕士学位论文，浙江财经大学，2014 年。

徐慧超、韩增林、赵林等：《中原经济区城市经济联系时空变化分析——基于城市流强度的视角》，《经济地理》2013 年第 6 期。

许波：《工业园区建设的研究与评价——以张掖市工业园为例》，硕士学位论文，西北师范大学，2009 年。

许文倩：《新疆城镇化水平地区差异及分类研究》，硕士学位论文，新疆大学，2010年。

许学强、周一星、宁越敏：《城市地理学》，高等教育出版社2004年版。

许月卿：《近20年来中国区域经济发展差异的测定与评价》，《经济地理》2005年第5期。

薛媛媛：《对提升我国城市化质量的探讨》，《理论学习》2008年第10期。

阎小培、郭建国、胡宇冰：《穗港澳都市连绵区的形成机制研究》，《地理研究》1997年第2期。

杨贺：《中原经济区经济空间结构特征、演变及其调控研究》，博士学位论文，中国矿业大学，2012年。

杨开忠：《中国区域经济差异变动研究》，《经济研究》1994年第12期。

杨立勋、姜增明：《产业结构与城镇化匹配协调及其效率分析》，《经济问题探索》2013年第10期。

杨志敏：《山西省产业结构演进与城镇化发展的现状及关系研究》，硕士学位论文，山西师范大学，2013年。

姚士谋、朱英明、陈振光：《中国城市群》，中国科学技术大学出版社2001年版。

叶裕民：《中国城市化之路——经济支持与制度创新》，商务印书馆2002年版。

叶裕民：《中国城市化质量研究》，《中国软科学》2001年第7期。

叶裕民：《中国城市化滞后的经济根源及对策思路》，《中国人民大学学报》1999年第5期。

易善策：《产业结构演进与城镇化互动发展研究》，博士学位论文，武汉大学，2011年。

尹义昌：《胶东半岛城市化质量研究》，硕士学位论文，中国海洋大学，2011年。

于秀林、任雪松：《多元统计分析》，中国统计出版社1999年版。

余晖：《我国城市化质量问题的反思》，《开放导报》2010年第2期。

曾浩、杨天池、高苇：《区域经济空间格局演化的实证分析》，《统计观察》2016年第1期。

曾菊新：《空间经济：系统与结构》，武汉出版社1996年版。

曾坤生：《论区域经济动态协调发展》，《中国软科学》2000年第4期。

张敦富：《区域经济学原理》，高等教育出版社1999年版。

张建平、李红梅、田东霞等：《区域经济理论与实践》，中央民族大学出版社2007年版。

张可云：《区域经济政策》，商务印书馆2005年版。

张辽：《要素流动、产业转移与区域经济发展》，博士学位论文，华中科技大学，2013年。

张平：《江苏省域经济空间结构演变及优化研究》，《区域经济》2014年第8期。

张强：《产业集聚、空间溢出与西部地区经济效率》，博士学位论文，重庆大学，2015年。

张勇：《四川省城镇空间结构优化研究》，博士学位论文，西南财经大学，2014年。

张瑜、王普昶、莫本田等：《不同放牧强度下贵州喀斯特草地植被空间特征与生产力相关性分析》，《草业与畜牧》2015年第4期。

张宇硕、白永平、李慧：《兰州—西宁城镇密集区县域经济差异的空间格局演化分析》，《经济地理》2011年第2期。

赵培杰：《河南省城镇化水平区域差异研究》，硕士学位论文，河南大学，2013年。

赵晓雷等：《城市经济与城市群》，上海人民出版社2009年版。

赵雪雁：《西北地区城市化质量评价》，《干旱区资源与环境》2004年第9期。

郑北雁：《战后日本产业结构理论发展撮要》，《外国问题研究》

2000年第1期。

郑广建：《交通基础设施、空间结构调整与区域经济协调》，博士学位论文，浙江大学，2014年。

郑国、赵群毅：《山东半岛城市群主要经济联系方向研究》，《地域研究与开发》2004年第5期。

郑滔：《重庆市城市化质量研究》，硕士学位论文，重庆工商大学，2013年。

周良民：《论我国区域差异与区域政策》，《管理世界》1997年第1期。

周亚雄：《基础设施、区域经济增长和区域差距的关系研究》，博士学位论文，南开大学，2013年。

周一星：《主要经济联系方向论》，《城市规划》1998年第2期。

周一星、孙则昕：《再论中国城市的职能分类》，《地理研究》1997年第1期。

周一星、张莉：《改革开放条件下的中国城市经济区》，《地理学报》2003年第2期。

周一星、张莉、武悦：《城市中心性与我国城市中心性的等级体系》，《地域研究与开发》2001年第4期。

禚振坤、陈雯、孙伟：《基于空间均衡理念的生产力布局研究——以无锡市为例》，《地域研究与开发》2008年第1期。

二 英文文献

Chenery, H. B., *Structural Change and Development Policy*, Oxford University Press, 1979.

Erik Louw, Erwin van der Krabben, Hans van Amsterdam, "The Spatial Productivity of Industrial Land", *Regional Studies the Journal of the Regional Studies Association*, No. 46, 2012.

Getis, "The Analysis of Spatial Association by Use of Distance Statistic", *Geographical Analysis*, No. 3, 1992.

Goodchild, M., Anselin, L., Apple Baum Retal, "Towards a Spatially Integrated Social Science", *International Regional Science Review*,

No. 23, 2000.

Hidenobu Matsumoto, "International Urban Systems and Air Passenger and Cargo Flows: Some Calculations", *Journal of Comparative Economics*, No. 10, 2002.

James C. Davis and J. Vernon Henderson, "Evidence on the Political Economy of the Urbanization Process", *Urban Economics*, No. 3, 2003.

Kolko, J., *Urbanization, Agglomeration, and Coagglomeration of Service Industries*, Chicago: University of Chicago Press, 2010.

Michael Pacione, *Urban Geography: A Global Perspective*, Routledge, 2001.

Michaels, G., Rauch, F., Redding, S. J., "Urbanization and Structural Transformation", *The Quarterly Journal of Economics*, No. 2, 2012.

Petty Cluck, *The Economy Grows Condition*, Mike Milan, 1940.

Simeon Djankov, Caroline Freund, "Trade Flows in the Former Soviet Union 1987 to 1996", *Journal of Comparative Economics*, No. 1, 2002.